作りおきサラダ
SPECIAL

はじめに

もっと野菜が食べたい人へ。

「作りおきサラダ」は忙しい人の味方です。

たとえば、仕事で帰りがおそくなった日も、冷蔵庫に作りおきサラダがあれば、食卓に並べるだけなので気持ちがラクになります。ひとりごはんの日も、家族の帰りがバラバラの日も、ごはん作りに追われる心配はありません。

大皿に盛ってメイン料理に、小皿に盛って副菜に、おべんとうも朝つめるだけ。さまざまなシチュエーションで活躍してくれるのが、作りおきサラダ。作りおきサラダがある生活は、心にゆとりを与え、暮らしを豊かにします。

この本には昔ながらの人々の知恵と味をじょうずにとり入れながら、忙しく働く人のライフスタイルを新たに提案してくれるレシピがズラリ。

これまでくり返し作って「おいしい！」の声をいただいた、ご愛顧作りおきサラダベストレシピはもちろん、より長く楽しむことができる「冷凍できる作りおきサラダ」や、やせてもっときれいになれる作りおきサラダなど、サラダを通して生活を楽しむヒントをいっぱいつめ込みました。

さらに、大好評の作りおきシリーズ最新作の本書は、開いたまま調理ができるという使い心地のよさを追求した製本方式をとり入れました。

カラダづくりと食を楽しむための自炊は、必ず人生の糧になります。

より密接にみなさんの生活に「作りおきサラダ」が役立ちますように。

もくじ

はじめに ——————————— 2

Column 1
作りおきのきほんルール ——————— 8

Part 1
愛され「作りおきサラダ」Best10

1 王道ポテサラ ——————————— 10
2 王道マカロニサラダ ————————— 10
3 マリネ2種（チキンマリネ、たこマリネ）—— 12
4 えびとブロッコリーのデリサラダ ———— 14
5 いためナムル ——————————— 15
6 コールスロー ——————————— 16
7 ベリーキャロットラペ ——————— 17
8 ヤムウンセン ——————————— 18
9 南蛮漬け ————————————— 19
10 ラタトゥイユ ——————————— 20

Part 2
ごちそうおかずサラダの
ための作りおき

〈肉のおかずサラダ〉
ローストビーフの作りおき／
ローストビーフのサラダ ——————— 22
自家製ロースハムの作りおき／
ダイスハムのトスサラダ ——————— 24
サラダチキン／サラダチキンの
ヘルシー＆ボリュームサラダ ————— 26
鶏もも肉のコンフィ／
鶏もものコンフィでパリパリチキンサラダ — 27
牛ひきのピリ辛トマト煮／
牛ひきのピリ辛トマト煮でメキシカンタコサラダ
 ———————————————— 28
塩豚／塩豚で焼き豚のサラダのっけ ——— 29
マーボーそぼろ／
マーボーそぼろで中華風レタス包み ——— 30

〈魚介のおかずサラダ〉
まぐろのづけ／づけまぐろで刺し身サラダ — 31
自家製ノンオイルツナ／
自家製ツナで押し麦のマリネサラダ ——— 32
えびのアヒージョ／
えびとかぶのガーリックオイルサラダ —— 34
サーモンの簡単こぶじめ／
サーモンとグレープフルーツのカルパッチョ — 35
シーフードミックスのオレンジマリネ／
シーフードマリネでブレッドサラダ ——— 36
サーモンのタルタル／
サーモンのタルタルサラダ —————— 38
ほたてのアンチョビーオイル漬け／
生ほたてとゆでキャベツのオイル漬けサラダ — 39

〈卵・とうふのおかずサラダ〉
タルタル卵サラダ／
卵、えび、ブロッコリーのサラダ ———— 40
卵ピクルス／根菜のガドガド風サラダ —— 42
味玉／野菜と食べるじんわり味玉サラダ — 43
トルティージャ／
トルティージャで野菜たっぷりワンプレート — 44
一口とうふつくね／
一口とうふつくねで香味野菜のデリサラダ — 45

Column 2
糖質オフの食材チェックリスト ———— 46

Part 3
「やせる」に特化した
糖質オフの作りおきサラダ

作りおきサラダでやせるポイント ———— 48

〈このボリュームで 食べても食べても
糖質ほぼゼロ！〉
牛しゃぶのわさびドレサラダ ————— 50
まぐろのポキ風 ——————————— 52

ブロッコリーのチーズマリネ —— 53
えびときのこのコンフィ —— 54
蒸し鶏とめかぶのねぎ油あえ —— 55
ほたて缶と青菜のだしびたし —— 56
青菜でナムル —— 57

〈糖質オフの デリ風作りおきサラダ〉
たことパプリカのセビーチェ —— 58
しらたきヤムウンセン —— 60
白菜のカリカリじゃこ油サラダ —— 61
ビーツとゆで卵のピンクサラダ —— 62
豚しゃぶとたたききゅうりのおかずサラダ —— 63
ハワイ風ロミロミ —— 64
おからのクスクス風サラダ —— 65
プルコギ風いためサラダ —— 66
鮭のエスカベッシュ —— 67

〈楽しておいしい！やせる！ 糖質オフマリネ〉
牛肉のオニオンマリネ —— 68
グリルチキンのマリネ —— 70
いかのオリーブマリネ —— 71
たこのコチュジャンマリネ —— 72
シーフードエスニックサルサ —— 73
トマトとモッツァレラのコロコロマリネ —— 74
紫キャベツのラペ —— 75

Column 3
作りおきのある生活 —— 76

Part 4
メイン野菜ひとつで使いきりサラダ

にんじんのはちみつバターグラッセ —— 78
にんじんのしりしり —— 79
シュークルート風 —— 80
白菜のマヨサラダ —— 81
セミドライトマトのマリネ —— 82
ミニトマトのジンジャーハニーポンポンマリネ

塩もみきゅうり —— 84
きゅうりの塩いため／しょうゆ漬けきゅうり —— 85
かぼちゃとレーズンのカレーマッシュサラダ —— 86
かぼちゃのせん切りナムル —— 87
ブロッコリーのごまみそ白あえ —— 88
ブロッコリーのグリーンソースペンネ —— 89
アスパラとちくわの焼きびたし —— 90
焼きアスパラガスのマリネ —— 91
オクラのしょうがマリネ —— 92
ゴーヤーのカレー煮込み —— 93
まるごとピーマンと牛肉のおろし煮 —— 94
焼きパプリカとツナのマリネ —— 95
なすの揚げびたし —— 96
レンジなすのナムル —— 97
サラダのフライドオニオン —— 98
焼き玉ねぎのバルサミコ酢がけ —— 99
とろとろねぎマリネ —— 100
ねぎとじゃこのサラダ —— 101
しゃきしゃきセロリマリネ —— 102
セロリとツナのクリームチーズあえ —— 103
青菜とゆで豚のエスニックサラダ —— 104
クリームスピナッチ —— 105
もやしのピリ辛あえ／もやしのみそあえ —— 106
もやしのめんつゆあえ —— 107
大根とほたてのマヨサラダ —— 108
生ハムと大根のマリネ —— 109
大根と豚肉のマスタードマリネ —— 110
にんにく塩ぶり大根 —— 111
かぶのマスタードマリネ —— 112
かぶのこしょうあえ —— 113
ごぼうのごま酢あえ —— 114
イタリアンきんぴら —— 115
れんこんの梅きんぴら —— 116
れんこんの酢の物 —— 117
クリーミーマッシュポテト —— 118
じゃがいものシャキシャキごま油あえ／
さつまいものトースターバター焼き —— 119
さつまいものマーマレード煮 —— 120

大学いも風いため———121
長いもの梅しそあえ———122
里いものタラモサラダ———123
いろいろきのこのレンジマリネ———124
きのこの当座煮———125
きのこのクリーム煮———126
エリンギのペペロンチーノ———127
切り干し大根とツナのレモンオイル———128
ひじきのヨーグルトサラダ———129
豆のディルマリネ———130
枝豆の中華びたし———131

Column 4
漬けワザ4 ———132

Part 5
ねかせておいしい、ピクルス・漬け物

1種のたれでオイキムチとカクテキ———134
ベトナム風甘酢漬け———136
きゅうりの1本だし漬け———137
ラーパーツァイ———138
かぶとみょうがの塩麹漬け———139
長いものみそ漬け———140
切り干し大根のハリハリ漬け———141
玉ねぎの甘酢じょうゆ漬け———142
らっきょうの塩漬け／
らっきょうの甘酢漬け———143
ミックスピクルス———144
カレーピクルス———146
みょうがの甘酢漬け／新しょうがの甘酢漬け
———147
ぬか漬け———148
にんじんのソムタム———150
コッチョリキムチ———151
白菜キムチ———152
こんぶじょうゆ漬け／にんにく中華漬け———154
ヨーグルトみそ漬け／マスタードピクルス———155

Column 5
おいしく解凍するコツ———156

Part 6
冷凍もできる、長く楽しむサラダ

冷凍できる作りおきサラダのコツ7———158
きのこのビネガーマリネ———160
にんじんとくるみのハニーラペ———162
切り干し大根の甘酢サラダ———163
ささ身、豆、ひじきのわさびじょうゆオイル
———164
オクラと山いものねばねば梅肉ばくだん———165
かぼちゃとナッツのシナモン風味デリサラダ
———166
ピーマンとコーンのツナサラダ———167
アスパラガスとサーモンのマリネ———168
アボカドのディップ———169
ブロッコリーの和サラダ———170
きのことチキンのクリームペンネサラダ———171
彩り野菜の揚げびたし———172
くたくたラタトゥイユ———173
ごぼうのごま油きんぴら———174
ひじきとベーコンのいためサラダ———175

Column 6
お気に入りの保存容器−保存びん編−———176

Part 7
たれ・ソースの
作りおきでいつでもサラダ

自家製ドレッシング−塩レモン−———178
エスニックチリマヨ／和風ねぎオイル／
パクチードレッシング／韓国だれ／
タンドリーマヨネーズ———179
バンバンジーだれ———180
バンバンジーサラダ／

厚揚げとなすのパクチーサラダ	181
タイ風だれ	182
タイ風豚しゃぶサラダ／ヤムウンセン	183
ヤンニョム	184
韓国風とうふサラダ／焼き肉サラダ	185
ナムルだれ	186
5色ナムル	186
酢みそ	188
うどとわけぎのぬた／さしみこんにゃく	189
ごまあえ衣	190
いんげんのごまあえ／	
キャベツと春菊のごまあえ	191
肉みそ	192
大根の肉みそサラダ／	
温野菜の肉みそディップ	193
サルサソース	194
たことコリアンダーのメキシカンサラダ／	
サルササラダパスタ	195
ジェノベーゼソース	196
白身魚のカルパッチョ	197
チーズバーニャカウダソース	198
バーニャカウダボート／	
焼き野菜のあたたかいバーニャカウダサラダ	
	199

Column 7
作りおきサラダをおいしく保存するための
愛用したい保存容器 —— 200

甘い作りおき
グレープフルーツのはちみつマリネ —— 202
ゆず茶／シナモンバナナ —— 203
栗きんとん／きんとき豆の甘煮 —— 204

さくいん —— 205

［この本の使い方］

● 材料は基本的に4人分で表示しています。料理によっては作りおきに適した分量（作りやすい分量）で表示している場合もあります。

● 野菜類は、特に表記のない場合、洗う、皮をむくなどの作業をすませてからの手順を説明しています。

● 料理の下ごしらえで使う塩（塩もみ、塩ゆでなど）や酢（酢水）は材料表に表記していない場合があります。

● フライパンは原則としてフッ素樹脂加工のものを使用しています。

● 作り方の火かげんは、特に表記のない場合、中火で調理してください。

● 小さじ1は5㎖、大さじ1は15㎖、1カップは200㎖です。

● 電子レンジの加熱時間は、特に表記のない場合、600Wのものを使用したときの目安です。500Wなら加熱時間を約1.2倍にしてください。なお、機種によって多少異なることもありますので、様子を見ながらかげんしてください。

● だしは、こぶと削り節中心の和風だし（市販品でOK）です。スープは、顆粒または固形スープのもと（コンソメ、ブイヨンの名の市販品）でとった洋風または中華スープです。

● それぞれのレシピには、保存法と保存期間を示したアイコンがついています。この保存期間は目安であり、保存の状態により限度は異なりますのでご注意ください。特に夏場はできるだけ早く食べきったほうが安心です。また、おべんとうに入れる場合は、持ち運びすることで傷みやすいので、なるべく作りたてで入れることをおすすめします。

Column 1

まずは覚えておきたい
作りおきのきほんルール

作りおきサラダを作るなら、最初に覚えておきたい4つのルール。
このひと手間をとるだけで、長くおいしく楽しめます。

① 保存容器は必ず熱湯消毒を

保存で最も注意したいのは、保存容器の清潔さ。耐熱性のある容器なら、煮沸するか、熱湯をかけて消毒を。プラスチック容器なら、殺菌作用のある洗剤で洗い、キッチンペーパーで水けをきれいにふくか、清潔なふきんに伏せて乾燥を。

② あら熱をとって冷ましてから保存容器へ

食材が傷む原因は、熱と水分。加熱調理をしたときは必ずあら熱をしっかりとってからふたをすること。あら熱が残っているうちにふたをして冷蔵すると、ふたの内側に水滴がつき、傷む原因に。急ぐときは保冷剤を使って冷却も。

③ 箸やスプーンでとり分けること

保存容器に入れるときは、清潔な菜箸やスプーンなどを使います。こうすることで菌の繁殖を抑え、作りおきが長もち。手でさわるのは禁物です。箸やスプーンは洗って乾燥させたものを使い、汚れたらそのつどキッチンペーパーでぬぐって。

④ 中身と日付がひと目でわかるようにラベルに記入

保存容器に入れたら、ラベルやマスキングテープなどに、料理名と作った日付の記入を。庫内のどこに何があるかがひと目でわかり、ふたをあけなくても中身がわかるので便利です。ドアの開閉時間も短縮。ラベルははがせるタイプのものを。

Part 1

愛され
「作りおきサラダ」
Best 10

元祖・作りおきサラダで、多くのみなさまに
「おいしい！」とくり返し作られ、愛されている
とっておきレシピをBest10としてよりすぐりました。
いま人気の食材や調味料を使った最新レシピは必見。

Part 1 愛され「作りおきサラダ」Best10

1 王道ポテサラ

材料（作りやすい分量）
じゃがいも … 3〜4個（400g）
きゅうり … 1本
玉ねぎ … ½個
ハム … 4枚
塩 … 小さじ½
こしょう … 少々
マヨネーズ … 大さじ4

作り方
1. なべに皮つきのままのじゃがいもを入れ、かぶるくらいの水を加えて強火にかける。沸騰したら弱火にして30分ほどゆで、竹ぐしを刺してスッと通ったらとり出す。熱いうちに皮をむき、ボウルに入れてつぶし、塩、こしょうを加えてまぜ合わせる。
2. きゅうりは薄い小口切りにし、玉ねぎは薄切りにして塩小さじ1を振って軽くもみ、水分が出てきたら、水けをしっかりしぼる。ハムは半分に切ってから1cm幅に切る。
3. 1のボウルに2を加え、マヨネーズであえる。

作りおきのコツ
じゃがいもが熱いうちに、塩、こしょうで味をつけるのがコツ。また、きゅうり、玉ねぎの水けをしっかりきってからまぜるのが、長もちさせる秘訣です。

2 王道マカロニサラダ

材料（作りやすい分量）
マカロニ（リボン形やシェル形）… 150g
ゆで卵 … 3個
キャベツ … 200g
玉ねぎ … ½個
ケイパー … 大さじ1
マヨネーズ … 大さじ4
粒マスタード … 大さじ½

作り方
1. マカロニは塩少々を加えた湯で袋の表示より1分ほど短めにゆで、流水にさらして締めてから、水けをしっかりきる。
2. ゆで卵は0.5〜1cm角程度に切る。
3. キャベツは2cm角に切り、玉ねぎは薄切りにし、塩小さじ1½（分量外）を軽くもみ込み、水分が出てきたら水けをしっかりしぼる。
4. ボウルに1、2、3、ケイパーを入れ、マヨネーズ、粒マスタードであえる。（ともに牛尾）

作りおきのコツ
マカロニは好みのショートパスタでOKです。リボン形のファルファッレやシェル形、フジッリなどを選ぶと、時間がたってもやわらかくなりすぎなくておすすめ。

大人気のポテサラは、こんもりと盛りつけて。

肉＆魚介料理に添えたり、おもてなしの一品にも◎。

11

冷蔵で
2-3日

冷蔵で
2-3日

Part 1 | 愛され「作りおきサラダ」Best10

3 マリネ2種

チキンマリネ

材料（作りやすい分量）
鶏胸肉 … 1枚
セロリ … 1本
パプリカ（赤）… 1個
赤玉ねぎ … 1/2個
塩 … 小さじ1/2
こしょう … 少々
酒 … 1/2カップ
A | オリーブ油 … 大さじ3
　| レモン汁 … 大さじ1
　| 塩、こしょう … 各少々

作り方
1. 鶏肉は塩、こしょうをもみ込み、厚手のなべ（またはフライパン）に入れて酒を振り、ふたをする。中火で10分ほど蒸し、火を止めてそのまま冷めるまでおき、食べやすい大きさに裂く。
2. セロリは斜め薄切りにする。パプリカは種を除いて薄切り、玉ねぎは薄切りにする。
3. ボウルに2を入れ、塩小さじ1/2を振り、しんなりしたら水けをしぼる。
4. 1を加え、Aであえる。保存容器に入れ、あればチリパウダー（またはパプリカパウダー）を振る。

作りおきのコツ
鶏胸肉は酒蒸しにして冷めるまでおくことがしっとり仕上げるポイント。生野菜は塩もみをしてから水けをぎゅっとしぼり、シンプルな味つけに。

たこマリネ

材料（作りやすい分量）
ゆでだこ … 200g
玉ねぎ … 1個
ブラックオリーブの輪切り … 50g
イタリアンパセリのみじん切り … 大さじ2
A | オリーブ油 … 大さじ2
　| 酢 … 大さじ1
　| 砂糖 … 小さじ1
　| 塩、こしょう … 各少々

作り方
1. たこはそぎ切りにする。玉ねぎは薄切りにし、塩小さじ1/2を振って軽くもみ、水分が出たら水けをしぼる。
2. ボウルに1、オリーブ、パセリを入れ、Aであえる。（ともに牛尾）

作りおきのコツ
玉ねぎは塩もみをして水けをよくしぼるのがコツ。玉ねぎが辛い場合は、水にさらして辛みを抜いて。あとはたこをそぎ切りにしてあえるだけだから簡単。

白ワインやスパークリングワインといっしょに食べたい。

おかずはもちろん、お酒のお供にもぴったり。華やかな一品。

冷蔵で 2-3日

4 えびとブロッコリーのデリサラダ

材料（4人分）
ブロッコリー … 1個（300g）
ボイルえび … 16尾
ゆで卵 … 2個
A | マヨネーズ … 大さじ3
　| 砂糖 … 小さじ2
　| レモン汁 … 小さじ2
　| 塩、こしょう … 各少々

作り方
1 ブロッコリーは小房に分け、軸はかたい部分を除いて輪切りにする。フライパンに入れて塩少々を振り、水2/3カップを加え、ふたをして中火にかけ、3分ほどしたらざるに上げて冷ます。
2 えびは殻をむく。ゆで卵はあらく刻む。
3 ボウルにAをまぜ合わせ、ブロッコリー、2を加えてあえる。（市瀬）

作りおきのコツ
蒸したあとは水にとらずにざるに上げて水けをきり、そのまま冷ましましょう。水にとって水っぽくなると、傷みやすくなってしまうことも。

5 いためナムル

材料（作りやすい分量・4〜5人分）

- にんじん … 2本
- 豆もやし … 2袋（400g）
- ぜんまい（水煮）… 160g
- ほうれんそう … 400g
- なす … 4個
- ごま油 … 大さじ6

〈ナムルのたれ〉
- すり白ごま … 100g
- A │ 塩 … 小さじ1
  │ 鶏ガラスープのもと … 大さじ1
  │ ごま油 … 大さじ6
  │ 一味とうがらし … 大さじ½

作り方

1 にんじんは斜め薄切りにしてからせん切りにする。ごま油大さじ1を中火で熱したフライパンで3〜4分しんなりするまでいためる。

2 もやしはできればひげ根をつみとり、ごま油大さじ1を熱したフライパンで2〜3分いためる。

3 ぜんまいは食べやすい長さに切ってさっとゆで、湯を捨て、なべに戻す。ごま油大さじ1を加えて中火で2〜3分いためる。

4 ほうれんそうは塩少々を加えた熱湯でゆでて水にとり、3cm長さに切ってしっかりと水けをしぼる。ごま油大さじ1を熱したフライパンで1〜2分いためる。

5 なすは縦4等分に切り、さらに半分に切ってさっと洗い、水けをふく。ごま油大さじ2を熱したフライパンで1〜2分いためる。

6 ごまとAをまぜ合わせ、1〜5のそれぞれに大さじ2〜3ずつからめる。（夏梅）

作りおきのコツ

ナムルはいためることでうまみが凝縮。水分も出にくくなり、保存向き。また、ナムルだれを作りおきすれば、野菜をあえるだけでいつでも食べられます（たれの作りおきはp.186参照）。

冷蔵で 3日

冷蔵で4日

6 コールスロー

材料（作りやすい分量）
キャベツ … 500g
A│マスタード
　│　（洋風の辛くないもの）、
　│　オリーブ油 … 各大さじ2
　│塩 … 小さじ 2/3
　│砂糖 … 小さじ1
　│酢、粉チーズ … 各大さじ4
　│あらびき黒こしょう … 少々

作り方
1 キャベツは3〜4mm幅のせん切りにする。
2 Aをまぜ合わせ、1を加えてあえる。(夏梅)

作りおきのコツ
キャベツは保存するうちにたまってきた汁は捨てましょう。キャベツがかたいと感じたら、塩もみをして水けをよくしぼってからソースであえましょう。

ざっくりとしたキャベツの食感が◎。野菜不足解消に。

Part 1 愛され「作りおきサラダ」Best10

7 ベリーキャロットラペ

材料（4～6人分）
にんじん … 300g
クランベリー（ドライ）… 60g
塩 … 小さじ½
ワインビネガー … 大さじ2
オリーブ油 … 大さじ1

作り方
1 にんじんはせん切りにする。
2 ボウルににんじん、クランベリーを入れ、塩を加えてもみ、しんなりさせる。ワインビネガーとオリーブ油を加えてまぜ合わせる。
（植松）

作りおきのコツ
塩もみしてにんじんから出る水分を、クランベリーが吸ってくれるので、時間がたったときの水っぽさを防ぎ、おいしさが続きます。保存容器は酸に強いガラス製やほうろう製が◎。

クランベリーが甘ずっぱくてやみつきのおいしさ。

冷蔵で 2-3日
冷凍で 1週間

8 ヤムウンセン

材料（作りやすい分量・4人分）
- えび … 200g
- はるさめ … 50g
- きゅうり … 2本
- ミニトマト … 200g
- 赤玉ねぎ … ½個
- 香菜 … 1株
- A
  - にんにくのあらいみじん切り … 1かけ分
  - サラダ油 … 大さじ1
- B
  - レモン汁 … 1個分
  - ナンプラー … 大さじ2
  - 赤とうがらしの小口切り … 少々

作り方
1. えびは背わたを竹ぐしなどで除き、酢少々を加えた熱湯で1分ほどゆで、そのまま湯の中で冷まし、殻をむく。
2. はるさめは湯でもどしてざるに上げ、食べやすい長さに切る。
3. きゅうりは薄い小口切りにして塩少々を振り、しんなりしたらもんで水を2～3回かえて洗い、かたくしぼる。ミニトマトは4等分に切る。玉ねぎは薄切りにし、香菜は1cm長さに切る。
4. フライパンにAの油を熱してにんにくをいためる。ボウルに入れ、Bを加えてまぜる。
5. ボウルに1～3を入れ、4を加えてあえる。（夏梅）

作りおきのコツ
塩もみしたきゅうりはしっかりと水けをしぼってから、他の材料とあえましょう。おかずが傷みやすくなってしまうので、余分な水分はしっかりとって。

冷蔵で4日

Part 1 愛され「作りおきサラダ」Best10

9 南蛮漬け

材料（作りやすい分量）
サーモン … 4切れ
玉ねぎ … ½個
セロリ … ½本
にんじん … ½本
しょうが … 1かけ
A｜こぶだし … 1カップ
　｜酢 … ¾カップ
　｜砂糖 … 大さじ3
　｜しょうゆ … 大さじ1½
　｜塩 … 小さじ1
　｜赤とうがらしの小口切り
　｜　… ひとつまみ
塩 … 少々
小麦粉、揚げ油 … 各適量

作り方
1 なべにAを入れてひと煮立ちさせ、冷ます。
2 サーモンは一口大に切り、塩を振る。
3 玉ねぎ、セロリは薄切りにし、にんじん、しょうがは細切りにする。
4 2に小麦粉をまぶし、170度に熱した揚げ油で揚げる。
5 保存容器に4を入れて3をのせ、1をかける。あれば輪切りにしたかぼす（またはすだち）を数枚のせ、残りはしぼって加える。(牛尾)

作りおきのコツ
漬け汁はひと煮立ちさせて冷ましておくと、調味料がまんべんなくまざります。シャキシャキ野菜は切ったままのせても南蛮酢をかければしんなりして食べやすく。

和の黒い器に盛りつけてグンと上品に、美しく。

冷蔵で5日

冷蔵で 4日
冷凍で 10日

10 ラタトゥイユ

材料（作りやすい分量）
玉ねぎ … ¼個
セロリ … ¼本
パプリカ（赤）… ½個
なす … 2個
ズッキーニ … 小1本
にんにくのみじん切り … ½かけ分
トマト缶（カットタイプ）… 150g
塩、こしょう … 各適量
ローリエ … 1枚
バジル … 1枝
オリーブ油 … 大さじ1

作り方
1 玉ねぎ、筋をとったセロリは2cm角に切る。パプリカ、なすは乱切りにする。ズッキーニは2cm長さに切り、さらに縦半分に切る。
2 なべにオリーブ油、にんにくを入れて熱し、香りが立ったら玉ねぎ、セロリをしんなりするまでいため、なすを加えていためる。油が回ったら、ズッキーニ、パプリカを順に加えながらいため、トマト、塩小さじ⅓、こしょう少々を加えまぜる。
3 ローリエ、ちぎったバジルを入れてふたをし、煮立ったら弱火で15分ほど煮る。塩、こしょうで味をととのえる。（岩﨑）

作りおきのコツ
野菜の水分をとばすようにしっかりといためることで、傷みにくくなります。また、野菜をじっくりいためることで、野菜の甘みが引き立ってよりおいしく仕上がります。

Part 2

ごちそうおかず
サラダのための
作りおき

デリやデパ地下のサラダでも人気なのは、
野菜＋肉や魚介のボリューミーなサラダ！
野菜を合わせるだけで手軽にサラダになる
肉や魚介の作りおきレシピを集めました。

ローストビーフのサラダ

Part 2 おかずサラダのための
作りおき

肉のおかずサラダ

ローストビーフやハムなどかたまり肉を使ったレシピは、
サラダのためにそのつど作るのは大変。肉料理の作りおきがあれば、
葉野菜をプラスするだけでサラダになるのはもちろん、おかずやおべんとうにも大活躍。

ローストビーフの作りおき

冷蔵で 4-5日　冷凍で 2週間

材料（作りやすい分量・4～6人分）
牛ももかたまり肉 … 500g
にんにくのすりおろし … 1かけ分
A │ 赤ワイン、しょうゆ … 各大さじ2
　│ 酢 … 小さじ1
塩 … 小さじ½
こしょう … 少々
オリーブ油 … 大さじ1

作り方
1 牛肉は塩、こしょう、にんにくをすり込む。フライパンにオリーブ油を熱し、牛肉を各面1分30秒ずつ焼き、とり出してファスナーつき保存袋に入れる。
2 1のフライパンにAを入れてひと煮立ちさせ、1の保存袋に加え、余分な空気を抜いて口を閉じる。
3 なべにたっぷりの湯を沸かして火を止め、2を袋ごと入れ、そのまま45分ほどおく。（牛尾）

Point

保存袋ごと真空調理し簡単にやわらかく

真空調理とは、食材を真空状態にして調理することで、食材のもつうまみや栄養素、水分の流出を防ぐことができる。牛肉もしっとりとやわらかく仕上がる。

サラダの材料（2人分）と作り方
1 ミックス葉野菜100g（レタス、ベビーリーフ、クレソンなど好みでOK）は食べやすくちぎり、冷水につけてシャキッとさせてから水けをきる。
2 ローストビーフ150gは薄切りにする。小なべにつけ汁大さじ4、バルサミコ酢大さじ1、はちみつ小さじ1を入れてひと煮立ちさせ、火からおろしてサラダ油大さじ1を加えて冷ます。
3 器に1、ローストビーフを盛り、2のドレッシングをかける。

つけ汁とともにまるごと保存して

自家製ロースハムの作りおき

材料（作りやすい分量）
豚肩ロースかたまり肉 … 500g
にんにくの薄切り … 1かけ分
ローリエ … 2枚
セージ … 6枚
塩 … 小さじ1
あらびき黒こしょう … 少々

作り方
1 豚肉はたこ糸などでしばり（またはネット入りのものを使っても）、塩、こしょうをすり込む。にんにく、ローリエ、セージをはりつけてラップで包み、冷蔵庫で一晩おく。
2 なべに1を入れ、かぶるくらいの水を注ぎ、強火にかける。沸騰したら弱火で1時間ほどゆで、あら熱がとれるまでおく。（牛尾）

作りおきのコツ
冷蔵保存の場合は、かたまりのまま煮汁といっしょに保存容器に入れて保存を。乾燥やにおい移りを防ぎます。冷凍する際は、食べやすい厚さに切り分けてから保存すると便利。

しっかり味がしみ込んでおいしい！

サラダの材料（2人分）**と作り方**
1 ロースハム200g、ゆで卵2個、トマト1個は1.5cm角くらいに切る。ブロッコリー120gは小房に分け、大きな房はさらに半分に切る。塩を加えた熱湯で2分ほどゆで、ざるに上げて水けをきり、そのまま冷ます。
2 密閉保存びんにA［酢大さじ1½　塩小さじ¼　こしょう少々　砂糖小さじ½　マスタード小さじ¼　サラダ油大さじ3］を入れ、よく振ってまぜ合わせる（サラダ油は4～5回に分けて加えるとなめらかに仕上がる）。
3 器に1を盛り、2をかける。

サラダチキン

冷蔵で4〜5日

材料（作りやすい分量）
鶏胸肉（皮なし）…2枚
塩…小さじ1　こしょう…小さじ¼
ドライハーブ（ローズマリー、タイム、
　セージなど）…小さじ½
レモン汁…大さじ1　ローリエ…1枚

作り方
1. 鶏肉は厚みのある部分は観音開きにし、半分に切る。
2. 塩、こしょうを振ってもみ、ハーブ、レモン汁を加えてもみ込み、ローリエとともにファスナーつき保存袋（熱に強いもの）に入れ、空気を抜きながら口を閉じ、冷蔵庫で一晩おく。
3. なべに湯を沸かして2を袋ごと入れ、再び沸騰したら火を止めてふたをし、冷めるまでおく。
（牛尾）

作りおきのコツ
ファスナーつき保存袋ごと熱湯に入れて火を止め、そのまま余熱で火を通すので、しっとりとした仕上がりに。しっかり冷めたら、袋のまま冷蔵庫に入れればOK。

サラダの材料（2人分）と作り方
サラダチキンを切り分け、好みの葉野菜と盛りつける。オリーブ油、塩、こしょう各少々を振って食べる。チキンは裂いてもOK。

サラダチキンのヘルシー&ボリュームサラダ

Part 2 | おかずサラダのための 作りおき

鶏もも肉のコンフィ

冷蔵で6日

材料（作りやすい分量・4人分）
鶏骨つきもも肉 … 4本
塩（下味用）… 鶏肉の全量の1%
じゃがいも … 小4個
玉ねぎ … 大1個
A ┃ オリーブ油 … 1〜2カップ
　┃ 粒こしょう（白・黒）… 各5〜6粒
　┃ ローズマリー … 1枝

作り方
1 鶏肉は塩をすり込み、キッチンペーパー2〜3枚で包んで冷蔵庫に一晩おく。玉ねぎは皮ごと4等分に切る。
2 なべに1とじゃがいもを入れ、Aをかぶるくらいまで注いで火にかける。こまかい泡が静かに出てきたらごく弱火にし、落としぶたとふたをして1時間ほど煮、そのまま冷ます。（夏梅）

サラダの材料（2人分）と作り方
1 鶏もも肉のコンフィ2本は、220度のオーブンまたはオーブントースターできつね色になるまで15〜20分焼き、骨を除いてほぐす。
2 グリーンアスパラガス4本は下4cmほど皮をむき、4cm長さに切って塩少々を加えた熱湯でさっとゆでてざるに上げる。そら豆100gはさやからとり出して皮に切り目を1本入れ、アスパラと同じ湯でゆでて皮をむく。
3 1と2をさっとまぜて器に盛り、塩、こしょう各少々を振ってあればレモンを添え、コンフィのじゃがいもと玉ねぎも添える。

鶏もものコンフィで
パリパリチキンサラダ

牛ひきのピリ辛トマト煮

冷蔵で5日

材料（作りやすい分量・4人分）
牛ひき肉…300g
トマト缶（カット）…1缶（400g）
にんにくのみじん切り…1かけ分

A | 玉ねぎ…1個
　| にんじん…1本
　| セロリ…½本

B | 塩…小さじ1½
　| こしょう、ナツメグ…各少々
　| タバスコ大さじ…1½

オリーブ油…大さじ2

作り方
1 Aはみじん切りにする。
2 フライパンにオリーブ油を熱し、にんにくを軽くいためたら、1を加えて3〜4分いためる。ひき肉を加え、Bで味つけし、ひき肉をほぐしながら火を通す。トマトを加え、まぜながら煮立たせたら弱火にして3〜4分煮詰める。（夏梅）

サラダの材料（2人分）と作り方

1 サニーレタス2枚は食べやすくちぎる。アボカド1個は1cm厚さに切ってレモン汁（またはライムのしぼり汁）½個分をからめる。香菜1株は1cm長さに切る。
2 器に盛り、牛ひきのピリ辛トマト煮¼量は冷えているようなら電子レンジで2分ほどあたため、タコスチップ適量とともに盛り合わせる。

牛ひきのピリ辛トマト煮で
メキシカンタコサラダ

| Part 2 | おかずサラダのための作りおき |

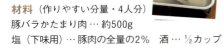

塩豚

冷蔵で5日

材料（作りやすい分量・4人分）
豚バラかたまり肉…約500g
塩（下味用）…豚肉の全量の2%　酒…½カップ

作り方
1. 豚肉に塩をすり込み、キッチンペーパー2〜3枚で包んで一晩おく。
2. なべに1、酒、肉がかぶるくらいの水を入れて火にかけ、煮立ったら落としぶたとふたをして、弱火で25分ほどゆで、そのまま冷ます。（夏梅）

Point
包んでねかす
塩をすり込んだら、キッチンペーパーで包んで一晩ねかすことで、しっかり味がつき、うまみもアップ。

サラダの材料（作りやすい分量）**と作り方**
1. フライパンにオリーブ油大さじ1を熱し、塩豚¼本分の薄切りを入れて両面をカリッと焼く。
2. さやいんげん60gは塩少々を加えた熱湯で5分ほどゆで、4cm長さに切る。
3. 器にちぎったレタス2枚分を敷き、1、2、ゆで卵の輪切り1個分をのせる。アンチョビー2g　塩、こしょう各少々　レモン汁½個分　オリーブ油大さじ1をまぜ合わせてかけ、粉チーズを振る。

塩豚で焼き豚の
サラダのっけ

マーボーそぼろ

冷蔵で5日

材料（作りやすい分量）
鶏ひき肉 … 400g
A │ にんにくのみじん切り … 1かけ分
  │ しょうがのみじん切り … 20g
B │ しょうゆ、みそ … 各大さじ1
  │ 鶏ガラスープのもと … 大さじ1/2
  │ 砂糖 … 小さじ1
C │ ねぎのあらいみじん切り … 1/4本分
  │ にらの小口切り … 100g
豆板醤 … 小さじ1　サラダ油 … 大さじ2

作り方
1 フライパンにサラダ油を弱火で熱し、Aをいためて香りが立ったら、豆板醤とあれば豆鼓のみじん切り小さじ1を加えてひとまぜする。ひき肉を加えていため、Bで調味し、肉に火を通す。
2 Cを加え、にらに火が通ったら火を止める。(夏梅)

サラダの材料（2人分）と作り方
1 きゅうり1/2本は斜め薄切りにしてからせん切りにする。ミニトマト2〜3個はへたをとって輪切りにする。オクラ2〜3本は塩少々を加えた熱湯でさっとゆで、小口切りにする。
2 レタス1/2個を1枚ずつカップにし、1、そぼろ、ごはん適量を包みながら食べる。

マーボーそぼろで中華風レタス包み

Part 2 おかずサラダのための作りおき

魚介のおかずサラダ

シーフードのサラダはごちそう感があり、肉に並んで人気のサラダ。
さくで売っている刺し身用の魚介や、1パック分を使いきれないえびや貝類は、
鮮度のよいうちに作りおきしておきましょう。

冷蔵で2日 まぐろのづけ

材料（2さく分）
まぐろ…2さく（300g）
A│みりん、しょうゆ
 │ …各大さじ2
 │ごま油…大さじ1

作り方
保存容器にAをまぜ合わせ、まぐろを1時間以上つけて味をなじませる。（夏梅）

サラダの材料（2人分）と作り方
1 大根3cmはせん切りにし、塩少々を振ってもみ、しんなりしたら水を2〜3回かえて手早く洗ってかたくしぼる。青じそ10枚は軸をとり除いてちぎる。みょうが1個は縦半分にして斜め薄切りにする。
2 まぐろのづけ1さくを薄切りにし、1と合わせてまぜ合わせたA［しょうゆ、ごま油各大さじ1］をかける。

づけまぐろで
刺し身サラダ

冷蔵で
3–4日

自家製ツナで
押し麦のマリネサラダ

自家製ノンオイルツナ

材料（作りやすい分量）
まぐろ … 2さく（360g）
にんにくの薄切り … 1かけ分
ローズマリー … 2本
ローリエ … 2枚
セロリの葉やパセリの茎（ブーケガルニ）… 1束
顆粒スープ（コンソメ）… 小さじ½
塩 … 小さじ1
あらびき黒こしょう … 少々

作り方
1 まぐろに塩、こしょうをすり込む。にんにく、ローズマリー、ローリエをはりつけてラップで包み、冷蔵庫で一晩おく。
2 なべ（またはフライパン）に1、たこ糸で束ねたブーケガルニ、顆粒スープを入れ、かぶるくらいの水を注ぐ。強火にかけ、煮立ったら弱火で5分ほど煮、そのまま冷ます。（牛尾）

ノンオイルだけどしっとりやわらかい！

サラダの材料（2人分）と作り方
1 押し麦（雑穀）大さじ4（45g）はゆでる。グリーンアスパラガス2本は塩少々を加えた湯で1分ほどゆでて冷水にさらし、1cm長さに切る。ミニトマト8個は半分に切る。粒コーン大さじ2は汁けをきる。マッシュルーム3個は薄切りにする。赤玉ねぎ¼個は1cm角に切る。
2 ボウルに1、ほぐした自家製ノンオイルツナ100gを入れ、A［オリーブ油大さじ2　レモン汁大さじ1　塩小さじ½　こしょう少々］であえる。

えびのアヒージョ

冷蔵で 3〜4日

材料（作りやすい分量）
- えび … 300g
- にんにく … 1かけ
- 赤とうがらし … 1本
- 塩 … 小さじ1
- オリーブ油 … 約¾カップ
- パセリのみじん切り … 小さじ2

作り方
1. えびは尾を残して殻をむき、背側を少し開いて背わたをとる。にんにくは縦半分に切る。
2. フライパンに1、赤とうがらし、塩を入れ、オリーブ油をひたひたに注ぎ、5分ほど煮てパセリを振る。(牛尾)

サラダの材料（2人分）と作り方
1. かぶ2個はくし形に切り、葉はざく切りにする。合わせて塩小さじ⅔を振って軽くもみ、しんなりしたら水分をキッチンペーパーでふいてボウルに入れる。
2. えびのアヒージョ半量をオイルごと加え、レモン汁小さじ1を振り、さっくりとまぜる。

えびとかぶのガーリックオイルサラダ

> Part 2　おかずサラダのための
> 作りおき

サーモンの簡単こぶじめ

冷蔵で 3〜4日　冷凍で 2週間

材料（作りやすい分量）
サーモン（刺し身用）…2さく（300g）
こぶ…5×20cmを4枚
白ワイン…¼カップ　塩…適量
※サーモンのかわりにたいなどでも美味。

作り方
1 フライパンにワインを入れてひと煮立ちさせたら火を止め、こぶをつけてもどす。やわらかくなったら水けをよくふきとる。サーモンはそぎ切りにする。
2 保存容器にラップを広げ、こぶを敷いてサーモンを並べ、塩を振る。これを3段重ね、最後にこぶをのせてはさみ、ラップでぴっちりと包む。そのまま冷蔵庫で一晩以上おく。(牛尾)

> **サラダの材料**（2人分）と作り方
> 1 ベビーリーフ30gは冷水にさらしてシャキッとさせ、水けをしっかりきる。
> 2 器にサーモンのこぶじめ半量を盛り、1と薄皮をむいたグレープフルーツ½個分をのせ、A［塩、こしょう各少々　オリーブ油大さじ½］を振る。

サーモンとグレープフルーツの
カルパッチョ

冷蔵で4日

シーフードマリネで
ブレッドサラダ

Part 2 | おかずサラダのための 作りおき

シーフードミックスの オレンジマリネ

材料（作りやすい分量・4～5人分）
シーフードミックス（冷凍）… 500g
きゅうり … 2本
セロリ … 1本
オレンジ … 1個
A | 粒マスタード … 大さじ1
  | 塩 … 小さじ⅔
  | こしょう … 少々
  | 酢、オリーブ油 … 各大さじ4

作り方
1 きゅうりは3カ所薄く皮をむいて斜め薄切りにし、塩少々を振ってしんなりしたらもみ、2～3回水をかえて洗いしっかり水けをしぼる。セロリは1cm角くらいに切り、オレンジは包丁で皮を厚めにむいていちょう切りにする。
2 なべに湯を沸かし、凍ったままのシーフードミックスを入れてゆで、ざるに上げて水けをきる。
3 ボウルにAを入れてまぜ、1、2を加えてあえる。
（夏梅）

Point

シーフードミックスは 大きめのものを
魚介のめんどうな下ごしらえも、シーフードミックスなら冷凍のままゆでるだけ。ゆでると縮むので、購入するときはなるべく大きめを選ぶのもコツ。

サラダの材料（2人分）**と作り方**
パン（カンパーニュなど好みのもの）4枚を焼いてクリームチーズ大さじ4を塗り、薄切りにしたミニトマト2個をのせ、シーフードミックスのオレンジマリネ適量をのせる。

サーモンのタルタル

冷蔵で3日

材料（作りやすい分量・4人分）
サーモン（刺し身用）…300g
ディル…1本
セロリ…¼本
セロリの葉…1枚
A | 塩…小さじ⅔
  | こしょう…少々
  | オリーブ油…大さじ6
B | ケイパー…大さじ½
  | ピンクペッパー…少々

作り方
1 サーモンは1cm角に切る。ディルは小口切りにする。セロリは茎は薄切り、葉はみじん切りにする。
2 Aはまぜ合わせ、1を加えてまぜ、Bを散らす。
（夏梅）

サラダの材料（1人分）と作り方
器にちぎったレタス2～3枚、サーモンのタルタル適量を盛り、温泉卵1個を添える。

サーモンのタルタルサラダ

Part 2 おかずサラダのための 作りおき

ほたてのアンチョビーオイル漬け

冷蔵で3日

材料（作りやすい分量・4人分）
ほたて貝柱(刺し身用)…300g　玉ねぎ…1個
オリーブ（黒、緑）…合わせて80g
アンチョビー…10g
A | 塩…小さじ½
　 | オリーブ油…大さじ5

作り方
1 ほたては氷を入れた塩水で洗い、水けをふく。
2 玉ねぎは縦半分に切り、薄切りにして塩少々を振り、しんなりしたらもんで手早く洗って水けをしっかりしぼる。オリーブは半分に切り、アンチョビーはみじん切りにする。
3 A、2をまぜ合わせ、1を漬ける。(夏梅)

> **サラダの材料（2人分）と作り方**
> キャベツ3〜4枚は塩少々を加えた熱湯でゆでて水にとり、4cm角に切って、水けをしっかりしぼり、ほたてのアンチョビーオイル漬け適量をのせてディルをかける。

生ほたてとゆでキャベツの
オイル漬けサラダ

冷蔵で2日

卵、えび、ブロッコリーのサラダ

Part 2 おかずサラダのための
作りおき

卵・とうふのおかずサラダ

特売になりやすい卵やとうふは、多めに買ったら作りおき。
定番のゆで卵や冷ややっこのサラダ……というマンネリを脱して、
バリエーション豊かなたんぱく質チャージのできるサラダが楽しめます。

タルタル卵サラダ

材料（作りやすい分量）
卵 … 6個
玉ねぎのみじん切り … ¼個分
ピクルス … 50g
A｜マヨネーズ … 200g
　｜塩、こしょう … 各少々

作り方
1 なべに卵、かぶるくらいの水、酢少々を入れて
　火にかけ、煮立ったら弱火にして8分ほどゆで、
　水にとり、殻をむいてざく切りにする。
2 玉ねぎは塩少々を振り、しんなりしたらざるに
　入れて水をまわしかけ、キッチンペーパーに包
　んで水けをしっかりしぼる。ピクルスはみじん
　切りにする。
3 ボウルに1、2、Aを入れてあえる。（夏梅）

> **作りおきのコツ**
> 玉ねぎはみじん切りにして
> 水けをしっかりとってか
> ら、まぜ合わせましょう。
> 肉や魚、野菜と合わせてサ
> ラダにしたり、パンにはさ
> んでサンドイッチにして食
> べても。

> **サラダの材料**（2人分）**と作り方**
> 1 ブロッコリーは小房に分け、塩少々を加え
> 　た熱湯でゆで、ざるに上げる。えび8尾は
> 　背わたがあれば竹ぐしなどでとり、酢少々
> 　を加えた熱湯でゆで、そのまま湯の中で冷
> 　まして殻があれば除く。
> 2 ボウルに1、タルタル卵サラダ⅓量を入れ
> 　てあえ、塩、こしょう各少々を振る。

41

卵ピクルス

冷蔵で 0日

材料（8個分）
ゆで卵 … 8個
A | 水、白ワインビネガー … 各½カップ
　| 塩 … 小さじ1
　| 粒黒こしょう … 小さじ½
　| ローリエ … 1枚
　| にんにくの薄切り … 1かけ分
　| 赤とうがらし … 1本

作り方
1 なべにAを合わせてひと煮立ちさせ、保存容器に移す。
2 あたたかいうちに殻をむいたゆで卵を漬ける（ピクルス液が少なめの場合、保存袋で漬けるとよい）。(牛尾)

サラダの材料（2人分）と作り方
1 れんこん150gは薄い半月切り、にんじん⅓本は短冊切り、さやいんげん8本は斜め切りにする。それぞれさっとゆでる。
2 あら熱がとれたらボウルに入れ、手でくずした卵ピクルス2個を加える。
3 ピクルス液小さじ1とA［カレー粉、砂糖、にんにく、しょうがのすりおろし各小さじ¼　プレーンヨーグルト、ねりごま各大さじ1　ナンプラー小さじ½　すり白ごま小さじ1　塩、こしょう各少々］をまぜ合わせ、2に加えてあえる。

根菜のガドガド風サラダ

Part 2 おかずサラダのための
作りおき

冷蔵で 0日

味玉

材料（作りやすい分量）
ゆで卵…8個
A | にんにく、しょうがの薄切り…各1かけ分
　| ねぎの青い部分…1本分
　| 八角…1個
　| 赤とうがらし、シナモンスティック…各1本
　| オイスターソース…大さじ1
　| しょうゆ…大さじ2
　| 紹興酒…小さじ1
　| 鶏ガラスープ…1カップ

作り方
なべにAを合わせて煮立てる。保存容器に注ぎ、殻をむいたゆで卵をつける。（牛尾）

サラダの材料（2人分）と作り方
1 もやし100gはできればひげ根をとり、豆苗80gは根を切り落として半分に切る。いっしょに熱湯に入れて1分ほどゆで、ざるに上げて湯をきり、冷ます。
2 ボウルに水けをしっかりしぼった1、味玉のくし形切り2個分、つけ汁大さじ1、ごま油小さじ1、マヨネーズ大さじ1を加えてさっくりとあえ、サニーレタス適量を敷いた器に盛り、いり白ごま適量を振る。

野菜と食べる
じんわり味玉サラダ

トルティージャ

冷蔵で4日

材料（作りやすい分量・4人分）
- 卵 … 5個
- じゃがいも … 2個（約300g）
- 玉ねぎの薄切り … ½個分
- ハムの細切り … 80g
- A | 塩 … 小さじ¼
    | こしょう … 少々
    | 生クリーム（または牛乳） … 大さじ3
- オリーブ油 … 大さじ2

作り方
1. じゃがいもはラップに包んで電子レンジで5分ほど加熱し、あたたかいうちに皮をむいてフォークなどでざっとつぶす。
2. 卵はボウルに割りほぐし、Aをまぜる。
3. フライパンにオリーブ油大さじ1を熱して玉ねぎをしんなりするまでいためたら、じゃがいも、ハムとともに2に加えてまぜる。
4. フライパンに残りのオリーブ油を熱し、3を流し入れ、大きくまぜながら全体が半熟スクランブルエッグ状になるまで加熱する。表面を平らにして弱火にし、ふたをして3～4分焼き、底に焼き色がついたら大きめの平らな皿やふたなどを使って返し、同様に3～4分焼いて火を通す。（夏梅）

ワンプレートの材料と作り方
器にトルティージャ適量、ラタトゥイユ、好みでパンを盛る。

トルティージャで野菜たっぷりワンプレート

Part 2 | おかずサラダのための作りおき

冷蔵で6日 一口とうふつくね

材料（作りやすい分量・2～3人分）
- 木綿どうふ … 1丁
- 鶏ひき肉 … 150g
- にんじん … 30g
- A | しょうが … 10g　ねぎ … 1/3本
- B | 卵 … 1個　小麦粉 … 大さじ2
- 　　塩 … 小さじ1/3
- 揚げ油 … 適量

作り方
1. とうふは厚手のキッチンペーパーを2～3枚重ねて包み、握るように水けをしっかりしぼる。Aはみじん切り、にんじんはせん切りにする。
2. ボウルにひき肉、1、Bを入れてよくまぜ、一口大に丸める。
3. 160度の揚げ油で、4分ほど揚げる。（夏梅）

> **サラダの材料（2人分）と作り方**
> 1. 大根おろし100gはざるに上げて水けを軽くきる。みょうが1個は小口切りにする。三つ葉20gは2cm長さに切る。
> 2. 1、一口とうふつくね8個をあえて器に盛り、ポン酢しょうゆ大さじ2をかける。

一口とうふつくねで
香味野菜のデリサラダ

Column 2

食べてOK？NG？
糖質オフの食材チェックリスト

糖質を制限することで、みるみるやせると話題の「糖質オフダイエット」。
やせる食材をよく知って、おいしく「作りおきサラダダイエット」にトライしましょう。

OK 食材

- 肉全般（牛肉、豚肉、鶏肉、ラム肉など）
- 肉加工品
  （ハム、ベーコン、ウインナソーセージなど）
- 魚介類全般
- 豆、大豆加工品
  （とうふ、厚揚げ、油揚げ、豆乳、納豆）
  ＊豆乳は無調整タイプのものを
- 卵
- バター、良質な油
  （オリーブ油、ごま油、亜麻仁油など）
- いもや根菜以外の野菜類
- 海藻
- きのこ
- チーズ
- 種実類（ナッツ類、ごま、松の実）
- こんにゃく、しらたき
- 嗜好飲料（コーヒー、紅茶、焼酎、ウイスキー、
  ウォッカ、ジン、ラムなど）

NG 食材

- ごはん、めん類、パスタ、パン、シリアル
- スナックや甘い菓子全般
- 小麦粉、小麦粉を含む加工品
  （カレールウ、ギョーザの皮など）
- ドライフルーツ
- 市販の野菜ジュース、フルーツジュース、
  人工甘味料の入った飲料

Memo 野菜・フルーツは？

野菜やフルーツは、ビタミン、ミネラルが豊富だから、ダイエット中もたっぷり食べるべき！と思っていませんか？ ポテトサラダやかぼちゃサラダなどは、実は糖質のかたまり！ ビタミンCやβカロテンの豊富なトマトやにんじんも糖質は高めなので食べすぎは要注意。オレンジやキウイフルーツなどビタミンCの宝庫とも言えるフルーツも、アボカドやレモン以外は果糖がたっぷり。ただし、ダイエット中に必要な食物繊維やビタミンCが豊富なので、適量を心がけ、食べすぎには気をつけましょう。

Memo アルコールは？

作りおきサラダとともに楽しむアルコールも気になるところ。糖質オフは、基本アルコールはOK。ただし、糖質の高いビール、日本酒、カクテル、紹興酒などはNGです。アルコールを楽しむなら、糖質ゼロビール、ウイスキー、焼酎などの蒸留酒、ワイン、炭酸水でわるハイボールなどもおすすめ。ただし、飲みすぎてしまうと、自然に食べる量もふえてしまうので注意して、適量を守りましょう。

Memo 調味料は？

調味料には糖質がたっぷり含まれているものもあるので要注意。焼き肉のたれやとんカツソース、ケチャップ、ドレッシング、カレールウ、めんつゆ、ポン酢などはNG。基本は塩、こしょうなどシンプルな調味料が安心です。意外とカロリーが高いからと敬遠されがちなマヨネーズは低糖質なので使ってもOKです。

Part 3

「やせる」に
特化した
糖質オフの
作りおきサラダ

作りおきサラダは野菜たっぷりで、どれも
ヘルシーですが、「短期間でやせたい！」ときに
とり入れたいのが糖質オフダイエットに特化
したメニュー。空腹感なしでやせられます。

糖質オフの食材を使って
作りおきサラダでやせるポイント

集中してやせたい、というときには糖質オフダイエットに特化した作りおきサラダを。
食材の選び方や心がけひとつで、もっともっとヘルシーになります。

糖質オフ食材リストは、p.46 へ

Point 1
肉や魚介、卵などのたんぱく質は
たっぷり食べてOK。
プラス、低糖質の野菜を

これまでは、油脂をカットするカロリー制限ダイエットが主流だったため、肉やオイルは少量に、というガマンがつきものでした。その点、いま注目の糖質オフダイエットは、肉や魚介、卵などのたんぱく質はたっぷり食べてOK！ 低糖質の野菜を組み合わせれば、満足度の高い食事ですっきりやせられます。

たっぷりの肉と葉野菜
を組み合わせて、満足
度の高い一皿に。

Point 2
主食を少しガマン。満足感が
大きいからつづけやすい！

糖質オフダイエットを始めるなら、主食を減らすことから。ごはんやめん、パンなどの主食には、糖質が多く含まれています。そのかわりに、肉や魚介、卵などのたんぱく質と野菜を組み合わせたボリューム満点の作りおきサラダを。食べごたえがあり、満足度が高いので、ダイエットをラクにつづけられます。

Part 3 「やせる」に特化した 糖質オフの作りおきサラダ

Point 3

ただやせるのではなく、便秘、肌あれ知らずの体になれるから価値あり

ダイエット中は体重を落とすことに意識が向きがちですが、偏ったダイエットは体調をくずすだけでなく、肌の調子もイマイチに。糖質オフの食材は、低糖質なだけでなく、食物繊維やビタミン、ミネラルもたっぷり。サラダで栄養バランスよく摂取できるので、便秘や肌あれ知らずの体になることができます。

ビタミン、食物繊維もたっぷり！

まぐろのポキ。鉄分たっぷりのまぐろとミネラル豊富なめかぶをチャージ！

まるごとチキンと野菜を組み合わせた、スーパー糖質オフマリネ。

Point 4

貧血になりがちなダイエット中も、作りおきサラダなら心配なし

ダイエット中によく起こる、立ちくらみやふらつきなどの症状。これは、鉄やエネルギーの不足が引き起こす「貧血」が原因。貧血を予防するには、鉄、たんぱく質、ビタミンCを意識してとるのがポイント。糖質オフの作りおきサラダなら、これらの栄養を一皿でとることができ、健康的にやせられます。

Point 5

ドレッシングやたれは手作りのものを！ せっかくの努力をムダにしないコツ

せっかく糖質の低い食材を選んでも、仕上げのドレッシングやたれで糖質オフが台なしになることも。市販のドレッシングやたれには、糖質が含まれていることが多いので、手作りがおすすめ＆安心。砂糖やみりんなどをなるべく使わない低糖質のドレッシングやたれで、サラダをおいしく食べましょう。

塩レモンドレッシング

エスニックチリマヨ

和風ねぎオイル

パクチードレッシング

韓国だれ

タンドリーマヨネーズ

自家製たれ・ソースは178ページ参照

[¼量分]
糖質 2.0g
200kcal

冷蔵で
2−3日

Part 3 「やせる」に特化した糖質オフの作りおきサラダ

このボリュームで
食べても食べても糖質ほぼゼロ！

ここで紹介する一品は、こんなに食べても大丈夫？って思っちゃうぐらい、もりもり食べても糖質はほぼゼロ！ 野菜とお肉をおなかいっぱい食べられます。

牛しゃぶのわさびドレサラダ

材料（作りやすい分量）
牛肉（しゃぶしゃぶ用）…300g
水菜…80g
三つ葉…20g
みょうが…3個
青じそ…5枚
A│しょうゆ、サラダ油…各大さじ1
　│酢…小さじ2
　│ねりわさび…小さじ1
　│塩、こしょう…各少々

作り方
1 水菜、三つ葉は3cm長さのざく切りにし、みょうが、青じそは細切りにする。合わせて冷水にさらし、シャキッとさせてから水けをしっかりときる。
2 なべに湯を沸かし、牛肉を1枚ずつ入れてさっと火を通し、冷水にさらしてから水けをしっかりときる。
3 ボウルに2、Aを入れてあえる。
4 保存容器に1を入れ、3をのせる。（牛尾）

糖質オフ Point

牛肉は糖質ほぼゼロ！たっぷり食べても安心
牛肉は糖質ほぼゼロ！ また、しゃぶしゃぶだから余分な脂分を湯で落としてくれます。ドレッシングも安心の糖質オフレシピ。

作りおきのコツ
牛肉はさっとゆでて火を通したら、必ず冷水にさらして水けをしっかりとること。わさびドレであえてから保存容器に入れることで保存性をアップ。葉野菜と別々に保存してもOK。

香味野菜を敷いて、牛しゃぶをのせればごちそうサラダ。好みでわさびドレッシングを追加でかけても。

まぐろのポキ風

材料（作りやすい分量・4〜6人分）
- まぐろ … 200g
- 玉ねぎのみじん切り … 1/8個分
- 海藻ミックス（乾燥）… 5g
- 塩 … 少々
- A
  - ラー油 … 小さじ1
  - 塩 … 小さじ1/2
  - こしょう … 少々
- ごま油 … 大さじ2

作り方
1. 海藻ミックスは水でもどし、水けをしぼってざく切りにする。玉ねぎは塩を振ってしんなりさせ、さっと水をかけてキッチンペーパーで包み、水けをしぼる。
2. まぐろは小さめのさいころ状に切り、ごま油をからめる。
3. 1にAを加えてまぜ、2をあえる。

（夏梅）

糖質オフ Point

低糖質のまぐろは鉄分が豊富

低糖質のまぐろは高たんぱくで、ダイエット中に不足しがちな鉄分を豊富に含んでいます。糖質の高いみりんなどは使わずに、油や塩、こしょうで味つけを。

[1人分] 糖質0.4g 104kcal

冷蔵で3日

Part 3 「やせる」に特化した 糖質オフの作りおきサラダ

ブロッコリーのチーズマリネ

材料（作りやすい分量）
ブロッコリー…1個
カッテージチーズ…大さじ3
A │ オリーブ油…大さじ2
　│ 塩…小さじ¼
　│ しょうゆ…小さじ1

作り方
1 ブロッコリーは小房に分け、軸は皮を厚めにむいて5mm厚さの輪切りにする。塩少々を加えた熱湯で2分30秒ほどゆで、ざるに上げて湯をきりながら冷ます。
2 ボウルにAをまぜ合わせ、1、カッテージチーズを加えてあえる。
（市瀬）

糖質オフ **Point**

美肌になれる作りおきサラダ

ブロッコリーにはビタミンC、β-カロテンが豊富で、低糖質。カッテージチーズも低カロリー＆低脂質なので、美肌＆ダイエットにぴったりのサラダ。

[¼量分]
糖質 **0.9g**
89kcal

冷蔵で **3-4日**

えびときのこのコンフィ

材料（作りやすい分量）
- えび … 250g
- マッシュルーム … 4個
- しめじ … ½パック
- 塩 … 小さじ¼
- こしょう … 少々
- A
  - にんにくの薄切り … 2枚
  - オリーブ油 … 大さじ4
  - 白ワイン … 大さじ1
  - ローリエ … 1枚
  - タイム … 1枝
  - 塩 … 小さじ⅙
  - こしょう … 少々

作り方
1. えびは殻と背わたを除き、塩、こしょうを振る。マッシュルームは四つに切り、しめじは石づきを切り落として小房に分ける。
2. なべに1、Aを入れて弱火にかけ、ときどきまぜながら火を通す。
（岩崎）

保存するときは、乾燥しないようときどきまぜて。

糖質オフ Point

糖質ゼロのオリーブ油だから安心！

オリーブ油は糖質ゼロの食材なので、ダイエット中は適度にとり入れられるように意識しましょう。油分は便秘解消の効果も期待できます。

[¼量分]
糖質 0.6g
172kcal

冷蔵で 3〜4日
冷凍で 3週間

Part 3 「やせる」に特化した糖質オフの作りおきサラダ

蒸し鶏とめかぶのねぎ油あえ

材料（4人分）
鶏胸肉（皮なし）…1枚
めかぶ（味つけなし）…2パック
万能ねぎ…4本
A | しょうがのしぼり汁、酒
　　…各小さじ1
　　塩…小さじ1/3
　　こしょう…少々
B | ごま油、しょうゆ…各小さじ1
あらびき黒こしょう…少々

作り方
1 万能ねぎは斜め薄切りにし、水につける。
2 耐熱皿に鶏肉をのせ、Aをすり込む。ラップをかけて電子レンジで3分加熱し、そのまま蒸らし、あら熱がとれたら細く裂く。
3 めかぶ、水けをきった万能ねぎ、Bを加えてあえる。食べるときにこしょうを振る。（藤井）

糖質オフ Point

繊維豊富なめかぶでおなかスッキリ

めかぶは低糖質、低カロリー、食物繊維が豊富なので、ダイエットにうれしい食材。ネバネバ成分のフコイダンは生活習慣病予防や美肌効果も期待できます。

[1人分]
糖質 0.5g
84kcal

冷蔵で3-4日

ほたて缶と青菜のだしびたし

材料（作りやすい分量）
- ほたて貝柱水煮缶 … 1缶（60g）
- ほうれんそう … 1束
- しめじ … 1パック
- A
  - だし … 1カップ
  - 塩 … 小さじ¼
  - しょうゆ … 小さじ⅓

作り方
1. しめじは石づきを切り落とし、小房に分ける。
2. たっぷりの熱湯にほうれんそうを根元から入れてゆでる。すぐに冷水にとって冷まし、水けをしっかりしぼって5cm長さに切る。つづけてしめじをさっとゆで、ざるに上げて湯をきる。
3. 小なべにA、ほたてを缶汁ごと入れてひと煮立ちさせて火を止め、2を加えてなじませる。（市瀬）

糖質オフ Point

うまみの濃いほたて缶で満足感をアップ

ほたて缶は低糖質、低カロリーのうえ、うまみたっぷり。ほうれんそうなど青菜との相性もよく、食べごたえ、満足感もアップしてくれるダイエットの強い味方。

[¼量分]
糖質 0.8g
31kcal

冷蔵で2日

Part 3 「やせる」に特化した 糖質オフの作りおきサラダ

青菜でナムル

材料（作りやすい分量）
ほうれんそう … 200g
チンゲンサイ … 200g
A | ごま油 … 小さじ4
　| にんにくのすりおろし
　|　… 小さじ2/3
　| 塩 … 小さじ1/2
　| こしょう … 少々
　| しょうゆ … 小さじ1
　| いり白ごま … 小さじ2

作り方
1 ほうれんそうは塩少々を加えた熱湯で1分ほどゆで、冷水にとる。水けをしぼり、根元を切り落として3cm長さのざく切りにする。
2 チンゲンサイは縦8等分に切り、塩少々を加えた熱湯で1分ほどゆでる。ざるに上げ、冷めたら水けをしぼり、3cm長さに切る。
3 1、2をそれぞれA（半量ずつ）であえる。(牛尾)

糖質オフ Point

コクを足して満足感をアップする

糖質の低い食材＆調味料でヘルシーなおかずです。にんにくといり白ごまを加えれば、香りとコクがプラスされるので、満足感もアップします。

ほうれんそう [1/4量分] 糖質 0.3g 33kcal
チンゲンサイ [1/4量分] 糖質 0.1g 31kcal

冷蔵で 4-5日

[¼量分]
糖質 4.9g
158kcal

冷蔵で
2〜3日

Part 3 「やせる」に特化した 糖質オフの作りおきサラダ

糖質オフの
デリ風作りおきサラダ

まるでデパ地下やデリカテッセンで売られているような、作りおきサラダ。
糖質オフとは思えない贅沢感で、思う存分食事を楽しめます。

たことパプリカの
セビーチェ

材料（4人分）
ゆでだこの足 … 2本（200g）
パプリカ（赤）… 1個
香菜 … 2株（20g）
A｜玉ねぎのみじん切り … ½個分
　｜オリーブ油 … 大さじ2
　｜レモン汁 … 小さじ4
　｜塩、こしょう … 各少々
タバスコ … 少々
塩、こしょう … 各少々
オリーブ油 … 大さじ1

作り方
1 パプリカは7〜8mm角に切る。オリーブ油を熱したフライパンでいため、しんなりしたらボウルに移してAを加え、冷ましながらなじませる。
2 たこは一口大のそぎ切りにする。香菜は刻む。
3 たこ、香菜、1、タバスコをあえ、塩、こしょうで味をととのえる。（市瀬）

糖質オフ Point

**糖質も低く、
かみごたえがあるたこ**
低糖質、低カロリーのたこをたっぷり使ったサラダ。たこはかみごたえがあって満足感が得やすく、ダイエット中におすすめです。

作りおきのコツ
作ってから時間がたつと、味がぼやけてしまうことがありますが、タバスコを入れることで味にメリハリが出ます。好みで少し多めに加えてもいいでしょう。

しらたきヤムウンセン

材料（作りやすい分量）
- しらたき … 200g
- ゆでえび … 8尾
- 豚ひき肉 … 80g
- にんにく … 1かけ
- セロリ … 60g
- 赤玉ねぎ … ½個
- 万能ねぎ、香菜 … 各20g
- きくらげ … 3g
- みりん … 小さじ1
- A
  - ライムのしぼり汁 … 大さじ1
  - ナンプラー … 大さじ1½
  - 赤とうがらしの小口切り … ひとつまみ

作り方
1. しらたきは食べやすい長さに切ってからゆでてくさみをとり、ざるに上げて湯をきる。
2. にんにくはみじん切りにし、ひき肉と合わせてフライパンでいためる。
3. セロリ、玉ねぎは薄切りにし、万能ねぎ、香菜は2cm長さに切る。きくらげは水につけてもどし、5mm幅に切る。
4. みりんは電子レンジで30秒ほど加熱し、Aと合わせる。
5. ボウルに1、2、3、えびを入れ、4を加えてあえる。（牛尾）

糖質オフ Point

糖質ほぼゼロのしらたきでヘルシー

はるさめを使うことの多いヤムウンセンですが、はるさめは糖質が高い食材。かわりにしらたきを使えば、大幅に糖質カット！ 低カロリーなのでかさ増しにも◎。

[¼量分]
糖質 4.2g
94kcal

冷蔵で 3日

Part 3 「やせる」に特化した糖質オフの作りおきサラダ

白菜のカリカリじゃこ油サラダ

材料（作りやすい分量）
- 白菜 … 300g
- 春菊 … 100g
- ちりめんじゃこ … 30g
- 油揚げ … 2枚
- みりん … 小さじ1
- A ｜ 酢 … 大さじ1
  ｜ しょうゆ … 小さじ2
- ごま油 … 大さじ1

作り方
1. 白菜は1cm幅に、春菊は1cm長さに切り、塩小さじ1を振って軽くもみ、15分ほどおく。水分が出てきたらよくしぼる。
2. ごま油を熱したフライパンでじゃこをいためてとり出す。つづけて油揚げを焼き、1cm角に切る。
3. みりんは電子レンジで30秒ほど加熱し、Aと合わせる。
4. ボウルに1、2を入れ、3を加えてあえる。（牛尾）

糖質オフ Point

油揚げは低糖質のうえ、食感とコクをアップ！
油揚げはカロリー高めでダイエット時は避けられがちでしたが、低糖質ダイエットには実はおすすめ。クルトン感覚で食感やコクが加わって満足度も高まります。

盛りつけたら刻みのりをたっぷりのせても。相性はバツグン。

[¼量分] 糖質 2.6g 128kcal

冷蔵で 3日

[¼量分]
糖質 5.0g
205kcal

冷蔵で 3日

ビーツとゆで卵のピンクサラダ

材料（作りやすい分量）
ビーツ（缶詰）…100g
ゆで卵…4個
スナップえんどう…20本
松の実…大さじ4
カッテージチーズ…50g
A｜オリーブ油、白ワインビネガー
　　…各大さじ1
　｜塩…小さじ½
　｜こしょう…少々

作り方
1 ゆで卵はビーツの缶汁に3時間ほどつけて色を染める。
2 ビーツは薄切りにする。スナップえんどうは筋をとり、塩を加えた熱湯で1分ほどゆでて斜め半分に切る。
3 松の実はフライパンでいる。
4 ボウルに1、2、3、チーズを入れ、Aを加えてあえる。(牛尾)

糖質オフ Point

栄養豊富なビーツで健康的にやせる

「食べる点滴」といわれるほど、栄養が豊富なビーツ。ダイエット中に不足しがちな栄養を補い、食物繊維も豊富なうえに低糖質。缶詰を使うと便利です。

保存容器には、ゆで卵は切らずにそのまま入れて保存。

Part 3 「やせる」に特化した 糖質オフの作りおきサラダ

豚しゃぶとたたききゅうりの
おかずサラダ

材料（作りやすい分量）
豚肉（しゃぶしゃぶ用）…240g
きゅうり…4本
赤玉ねぎ（なければ玉ねぎ）
　…½個
A ┃ しょうゆ…小さじ4
　 ┃ 酢…大さじ1
　 ┃ しょうがのすりおろし
　 ┃ 　…1かけ分
　 ┃ ごま油…大さじ3

作り方
1 きゅうりはめん棒などでたたいて割り、食べやすく切る。玉ねぎは薄切りにする。
2 なべに湯を沸かして塩少々を加え、豚肉をさっとゆでる。色が変わったら、ざるに上げて冷ます。
3 ボウルにAをまぜ合わせ、1、2を加えてあえる。（市瀬）

Point

たたいて割ると味がよくからむ

きゅうりは包丁で切らずに、めん棒でたたいて割るのがおすすめです。あえるときに、調味料がからみやすくなり、さらにおいしくなります。

[¼量分]
糖質 4.2g
220kcal

冷蔵で 2〜3日

[¼量分]
糖質 3.0g
220kcal

冷蔵で 3日

ハワイ風ロミロミ

材料（作りやすい分量）
サーモン（刺し身用）…250g
きゅうり…1本
セロリ…½本
赤玉ねぎ…¼個
パプリカ（黄）…¼個
A ┌ オリーブ油…大さじ2
　│ レモン汁…大さじ1
　│ にんにくのすりおろし
　│ 　…小さじ1
　│ 塩…小さじ½
　└ こしょう…少々

作り方
1 サーモンは1cm角に切る。
2 きゅうり、セロリ、玉ねぎ、パプリカは5mm角に切り、塩小さじ⅓を振って軽くもみ、水けが出たらしぼる。
3 ボウルに1、2を入れ、Aを加えてあえる。(牛尾)

糖質オフ Point

サーモンは抗酸化成分アスタキサンチンが豊富！
サーモンには強い抗酸化成分のアスタキサンチンが豊富で、アンチエイジング効果が期待できます。キレイにやせたい人におすすめのサラダ。

副菜やおつまみとして、手軽におうちでハワイアン気分を味わえます。

Part 3 「やせる」に特化した 糖質オフの作りおきサラダ

おからの クスクス風サラダ

材料（作りやすい分量）
おから … 200g
生ハム … 40g
ルッコラ … 30g
セロリ、きゅうり … 各1本
くるみ … 40g
A｜オリーブ油 … 大さじ3
　｜レモン汁 … 大さじ1½
　｜ナンプラー … 大さじ1
　｜塩 … 小さじ¼
　｜こしょう … 少々

作り方
1 おからは耐熱皿に広げ、電子レンジで3分加熱して余分な水分をとばし、とり出して冷ます。
2 ルッコラは2cm長さのざく切りにする。セロリ、きゅうりは1cm角に切る。生ハムは食べやすい大きさにちぎる。くるみはあらく砕き、フライパンでからいりする。
3 ボウルに1、2を入れ、Aを加えてあえる。（牛尾）

糖質オフ Point

ダイエットの大敵 便秘に打ち勝つ！

パスタの仲間クスクスのかわりに、食物繊維たっぷりのおからを使ってサラダ仕立てに。ダイエット時に悩まされがちな便秘を解消してくれます。

[⅙量分]
糖質 3.2g
243kcal

冷蔵で 3日

[1人分]
糖質 7.6g
345kcal

冷蔵で
2-3日

糖質オフ Point
**いためサラダは野菜が
いっぱい食べられる！**
牛肉とたっぷり野菜をいためたプルコギ風サラダは、とにかく野菜がおいしく食べられます。砂糖は小さじ1と控えめにして糖質をカット。

プルコギ風いためサラダ

材料（作りやすい分量）
牛切り落とし肉…400g
もやし…2袋（400g）
にら…1束　にんじん…60g
えのきだけ…1袋
A　にんにくのみじん切り
　　…½かけ分
　　ねぎのみじん切り、しょうゆ
　　…各大さじ2
　　砂糖、コチュジャン
　　…各小さじ2
　　ごま油…小さじ4
　　粉とうがらし…少々
塩…小さじ½弱
こしょう、いり白ごま…各少々

作り方
1　ボウルに牛肉、Aを入れてもみ込む。
2　もやしはひげ根を除く。にらは4cm長さに、にんじんはせん切りに、えのきは根元を切り落としてほぐす。
3　フライパンに1、2、塩、こしょうを入れてさっとまぜ、火にかけてふたをし、ときどきまぜながら火を通す。食べるときにごまを振る。（岩崎）

Part 3 「やせる」に特化した 糖質オフの作りおきサラダ

鮭のエスカベッシュ

材料（作りやすい分量）
- 生鮭 … 4切れ
- 玉ねぎ … ¼個（50g）
- パプリカ（赤）… ⅙個
- セロリ … ½本
- 塩 … 小さじ⅓
- こしょう … 少々
- A
  - 酢 … 大さじ2
  - 白ワイン … 大さじ1
  - オリーブ油 … 大さじ3
  - はちみつ … 小さじ1
  - ローリエ … 1枚
  - にんにくの薄切り … 2枚
  - 塩 … 小さじ⅙
  - こしょう … 少々
- オリーブ油 … 大さじ1

作り方
1. 鮭は一口大に切り、塩、こしょうを振る。
2. 玉ねぎは薄切りにする。パプリカは細切りに、セロリは筋をとって3cm長さに切り、せん切りにする。
3. ボウルにAをまぜ合わせる。
4. フライパンにオリーブ油を熱し、鮭を焼いて火を通し、2の野菜とともに3に入れてまぜ合わせる。（岩崎）

冷めても味がなじんで美味。

糖質オフ Point

砂糖のかわりにはちみつを使う

はちみつは血糖値の上昇を緩やかにする働きがあります。血糖値の急激な上昇は脂肪を蓄えやすくするので、砂糖のかわりにはちみつを使っても。

[¼量分] 糖質 3.5g 290kcal

冷蔵で 3-4日

[¼量分]
糖質 3.3g
240kcal

冷蔵で
3-4日

Part 3 「やせる」に特化した糖質オフの作りおきサラダ

楽しておいしい！やせる！
糖質オフマリネ

作りおきサラダの中でも、保存性が高く、おいしさが長もちするマリネ。
肉や魚介にフレッシュ野菜を組み合わせて彩りきれいな一品に。

牛肉のオニオンマリネ

材料（作りやすい分量）
牛切り落とし肉 … 300g
グリーンアスパラガス … 5本（100g）
赤玉ねぎ … 1/2個
A │ にんにくのすりおろし … 1かけ分
　│ 酢 … 大さじ1 1/2
　│ しょうゆ … 小さじ1 1/2
塩 … 小さじ1/4
こしょう … 少々
オリーブ油 … 大さじ1

作り方
1 牛肉は塩、こしょうを振る。アスパラは根元のかたい部分の筋とはかまを除いて斜め切りにする。
2 玉ねぎは繊維を断つように薄切りにし、塩小さじ1/4を振って軽くもみ、水分が出てきたらしぼる。
3 フライパンにオリーブ油を熱し、1をいためる。火が通ったら保存容器に移し、2、Aを加えてあえる。（牛尾）

糖質オフ Point

赤玉ねぎと牛肉は相性抜群の組み合わせ

ふつうの玉ねぎでもOKですが、紫色を入れると目にも美しく満足度アップ。低糖質なのがうれしいところ。牛肉と赤玉ねぎの相性は抜群です。

食欲のないときもさっぱり
おいしく食べられる！

69

[1/4量分]
糖質 3.2g
370kcal

冷蔵で5日

糖質オフ Point

白ワインビネガーは低糖質だから安心！
市販のマリネ液は糖質が高いものが多いから、手作りがベスト。白ワインビネガーは米酢よりも低糖質なので、マリネ液におすすめの調味料です。

グリルチキンのマリネ

材料（作りやすい分量）
鶏もも肉 … 2枚（500g）
パプリカ（黄）… 1個
赤玉ねぎ … 1/2個
セロリ … 1/2本
セロリの葉 … 5g
A｜オリーブ油 … 大さじ3
　｜白ワインビネガー
　｜　（なければ酢）… 大さじ2
　｜塩 … 小さじ2/3
　｜こしょう … 少々
塩 … 小さじ1/3　こしょう … 少々
オリーブ油 … 大さじ1/2

作り方
1 鶏肉は余分な脂肪を除いて厚みを軽く開き、塩、こしょうを振る。
2 パプリカ、玉ねぎは縦に薄切り、セロリは筋を除いて斜め薄切り、セロリの葉は2cm長さに切る。
3 バットにAをまぜ合わせ、2を加えてあえる。
4 フライパンにオリーブ油を熱し、鶏肉を皮目を下にして入れる。3〜4分焼いてこんがりと焼き色がついたら上下を返し、ふたをして5分ほど蒸し焼きにする。一口大に切り、3に加えてあえ、冷ましながらなじませる。（市瀬）

Part 3 「やせる」に特化した 糖質オフの作りおきサラダ

いかのオリーブマリネ

材料（作りやすい分量）
- いか … 2はい（正味350g）
- セロリ … 1本
- ブラックオリーブ … 20個
- A｜オリーブ油、レモン汁 … 各大さじ1
  ｜塩 … 小さじ¼
  ｜こしょう … 少々

作り方
1. いかはわた、軟骨などをとってよく洗う。胴は輪切りにし、足は2〜3本ずつに切り分けて熱湯でゆでる。
2. セロリの軸は斜め薄切りにし、葉はざく切りにする。塩小さじ½を振ってもみ、水分が出たらしぼる。
3. ボウルに1、2、オリーブを入れ、Aを加えてあえる。(牛尾)

セロリ、オリーブも低糖質！
さわやか味のマリネです。

糖質オフ Point

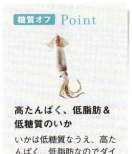

高たんぱく、低脂肪＆低糖質のいか

いかは低糖質なうえ、高たんぱく、低脂肪なのでダイエット中におすすめ。タウリンも多く含まれるので、疲れぎみの体も元気にしてくれます。

[¼量分]
糖質 1.1g
126kcal

冷蔵で3日

[¼量分]
糖質 4.7g
95kcal

冷蔵で 3日

糖質オフ Point

糖質高めのコチュジャンは
隠し味として使うのが◎

コチュジャンは韓国料理に使われる調味料。たことわけぎ、しょうがをたっぷり使ったマリネなら、隠し味程度に使うと満足感のある一品に。

たこのコチュジャンマリネ

材料（作りやすい分量）
ゆでだこ … 200g
わけぎ … 1束（150g）
しょうが … 1かけ
A ┃ ごま油 … 大さじ2
　 ┃ コチュジャン、しょうゆ
　 ┃ 　… 各小さじ1
　 ┃ 塩、こしょう、
　 ┃ 　一味とうがらし … 各少々

作り方
1 たこはそぎ切りにする。
2 わけぎはざく切りにして熱湯でさっとゆで、水けをしぼる。しょうがはせん切りにする。
3 ボウルに1、2を入れ、Aを加えてあえる。（牛尾）

おつまみや箸休めとしてもうれしい一品。

Part 3 「やせる」に特化した 糖質オフの作りおきサラダ

シーフードエスニックサルサ

材料（作りやすい分量）
シーフードミックス（冷凍）
　…200g
赤玉ねぎ…¼個
ピーマン…1個
ミニトマト…12個
A ┃ オリーブ油、ライムのしぼり汁
　┃ 　…各大さじ1
　┃ ナンプラー…小さじ2
　┃ にんにくのすりおろし
　┃ 　…小さじ1
　┃ タバスコ、こしょう…各少々

作り方
1 シーフードミックスは熱湯でさっとゆで、ざるに上げて湯をきる。
2 玉ねぎ、ピーマンはあらみじんに切る。ミニトマトはへたをとって縦半分に切る。
3 ボウルに1、2を入れ、Aを加えてあえる。（牛尾）

ビールに合わせたい一品。
おもてなしにもどうぞ。

糖質オフ Point

大きめシーフードミックスで食べごたえアップ！
冷凍のシーフードミックスも低糖質。小さめだと見た目が貧相になってしまうので大きめのタイプを選びましょう。熱湯でさっとゆでるのがコツ。

[¼量分]
糖質 3.1g
123kcal

冷蔵で
3日

[¼量分]
糖質 6.9g
165kcal

冷蔵で3日

トマトとモッツァレラの
コロコロマリネ

材料（作りやすい分量）
ミニトマト（赤、黄）
　…計24個
モッツァレラチーズ…100g
生ハム…40g
グリーンアスパラガス…3本
ブラックオリーブ…12個
A｜オリーブ油、白ワインビネガー
　　…各大さじ1
　｜塩…小さじ½
　｜あらびき黒こしょう…少々

作り方
1 ミニトマトはへたをとり、熱湯にさっとくぐらせて冷水にとり、皮をむく。
2 アスパラは根元のかたい部分の筋とはかまを除いて2cm長さに切り、塩を加えた湯で1分ほどゆでて冷水にとり、ざるに上げて水けをきる。
3 ボウルに1、2、ちぎったモッツァレラチーズ、生ハム、オリーブを入れ、Aを加えてあえる。
（牛尾）

糖質オフ **Point**

**モッツァレラチーズは
低糖質で低カロリー！**

モッツァレラチーズのもちっとした食感とコクで食べごたえがアップ。チーズの中でも低糖質、低カロリーなので、ダイエット中もおすすめです。

Part 3 「やせる」に特化した糖質オフの作りおきサラダ

紫キャベツのラペ

材料（作りやすい分量）
紫キャベツ … 300g
グリーンオリーブの輪切り … 50g
A ┃ 白ワインビネガー … 大さじ1
　┃ オリーブ油 … 小さじ2
　┃ 粒マスタード … 小さじ1
　┃ 塩 … ふたつまみ
　┃ こしょう … 少々

作り方
1 キャベツは太めのせん切りにし、塩小さじ½を振ってもむ。しんなりしたら、水分をしっかりとしぼる。
2 ボウルに1、オリーブを入れ、Aを加えてあえる。（牛尾）

糖質オフ Point

栄養豊富で彩りもきれいに
緑のキャベツにくらべて、ビタミンやカリウム、カロテンなどが豊富に含まれます。紫色のアントシアニンという色素は抗酸化作用があり、目にもよい効果が。

にんじんのラペより糖質が低く、おしゃれな前菜風。

[¼量分] 糖質 3.3g 64kcal

冷蔵で 4-5日

Column 3

毎日ラクして豊かな食卓。
作りおきのある生活

毎日野菜たっぷりの手作りごはんが食べたい、そんな人のライフスタイルにとり入れてほしいのが作りおきサラダ。さまざまなシチュエーションで活躍してくれます。

おべんとうは朝つめるだけ ランチの用意もラクラク

作りおきサラダは朝つめるだけで、おべんとうにも大活躍。また、お皿に盛りつけるだけで、ひとりランチもラクラク。作りおきサラダが冷蔵庫に数種類あれば、忙しい朝もゆとりをもって過ごせるはず。

おもてなしの アンティパストも 盛り合わせるだけで完成！

たとえばお客さまを招く週末。乾杯で出したいのが前菜風おつまみ。大皿に作りおきサラダを並べてパンを添えればOK。チーズやナッツ、ドライフルーツと盛り合わせるのも◎。もちろん持ち寄りにも最適です。

疲れて帰宅しても 軽食やおつまみが すぐ出せます

くたくたで帰宅して、至福の一杯を楽しみたいとき。作りおきサラダが冷蔵庫にあれば、足取りも軽くなります。また、帰宅のおそい家族にも、夜食やおつまみがすぐ出せて喜ばれることまちがいなしです。

栄養バランスの とれた毎日のおかずが あっという間にできる！

毎日悩んでしまう、献立づくり。栄養バランスのとれた献立を一から考えて毎食作るのはたいへんですが、サラダがあれば、メインのおかずを作るだけ。あっという間にバランス献立ができ、毎日の食卓が豊かになります。

Part 4

メイン野菜 ひとつで 使いきりサラダ

数ある作りおきサラダでも人気が高いレシピは
やっぱり作りやすいもの。野菜が一つあれば
作れるサラダは、食卓にすぐ出せる時短レシピ。
乾物や豆類をメインにした作りおきも登場!

にんじん／キャベツ・白菜／ミニトマト／きゅうり／かぼちゃ
ブロッコリー／グリーンアスパラガス／オクラ・ゴーヤー
ピーマン・パプリカ／なす／玉ねぎ／ねぎ／セロリ／青菜／もやし
大根／かぶ／ごぼう／れんこん／いも／きのこ／乾物／豆類

にんじんの はちみつバターグラッセ

材料（作りやすい分量）
にんじん … 3本（500g）
A │ 固形スープ … 1個
　│ 水 … 2カップ
　│ ローリエ … 1枚
　│ はちみつ … 大さじ1½
　│ レモン（皮をむいて輪切り）
　│ 　… 3〜4枚
バター … 10g

作り方
1 にんじんは1cm厚さの輪切りにし、皮をむいて面取りし、下ゆでする。
2 なべににんじん、Aを入れて火にかけ、煮立ったら落としぶたをして弱めの中火で15分ほど煮る。さっとまぜ、さらに10分ほど煮てバターを加え、火を止める。
（夏梅）

作りおきのコツ
あらかじめ下ゆでしてから、煮汁で煮るとにんじんのくさみが消え、味もしみ込みやすくなります。はちみつとレモンで保存性もアップ。

肉のソテーの添え物やおべんとうの副菜に。

冷蔵で6日

Part 4 | メイン野菜ひとつで
使いきりサラダ [にんじん]

にんじんのしりしり

材料（4～6人分）
にんじん…2本（300g）
削り節…5g
A ┃ 塩…小さじ1/3
 ┃ こしょう…少々
サラダ油…大さじ1

作り方
1 にんじんはスライサーなどで食べやすい長さの細切りにする。
2 フライパンにサラダ油を熱し、にんじんをいためてAで調味し、しんなりしたら火を止める。削り節を加えてまぜる。（夏梅）

作りおきのコツ
ちょっと濃いめに調味すると保存がききます。保存すると、しんなりとしていため漬け風に食べられます。ときどきまぜて味をなじませて。

シンプルな味つけだから、どんな料理にもよく合います。

冷蔵で5日

シュークルート風

材料（作りやすい分量）
キャベツ … ¼個（250g）
ウインナソーセージ … 5本
A｜ オリーブ油 … 大さじ2
　｜ はちみつ … 小さじ1
　｜ 白ワインビネガー
　｜ 　（なければ酢）… 大さじ1
　｜ 塩 … 小さじ½
　｜ こしょう … 少々
B｜ 白ワイン（なければ酒）
　｜ 　… 大さじ3
　｜ 粒マスタード … 大さじ2
　｜ 白ワインビネガー
　｜ 　（なければ酢）… 大さじ½

作り方
1 キャベツはしんを除き、太めのせん切りにする。ソーセージは縦半分に切る。
2 Aをまぜ合わせてキャベツをあえ、水けをしぼる。
3 フライパンに2とソーセージを入れてBを回しかけ、ふたをして中火で3〜4分蒸す。（市瀬）

作りおきのコツ
キャベツはしっかり水けをしぼり、保存容器に入れて冷蔵庫に入れる。水分が出てきたらたまにまぜると味が均等になじむ。器に盛るときは軽く汁けをきるようにすると水っぽくならない。

冷蔵で5日

Part 4 | メイン野菜ひとつで
使いきりサラダ［キャベツ・白菜］

白菜のマヨサラダ

材料（作りやすい分量）
白菜 … 300g
A ┌ マヨネーズ … 大さじ4
　├ しょうゆ … 小さじ2
　└ 粒マスタード … 大さじ1⅓

作り方
1 白菜は横に1〜1.5cm幅のそぎ切りにし、冷水に5〜6分さらしてパリッとさせ、ざるに上げて水けをキッチンペーパーでふく。
2 大きめのボウルにAを入れてまぜ、1を加えてあえる。（大庭）

作りおきのコツ
白菜はゆでずに使うので、べちゃっとせずに食べられます。冷水につけてシャキッとさせたら、水けをしっかりとふいてから調味料であえるのがポイントです。

冷蔵で
3日

冷蔵で10日

セミドライトマトのマリネ

材料（作りやすい分量）
ミニトマト … 600g
アンチョビー（フィレ）
　… 大2枚（5g）
バジル … あれば葉先1本分
塩 … 大さじ1
オリーブ油 … 2/3〜1カップ

作り方
1 ミニトマトはへたを除いて横半分に切り、クッキングシートを敷いた天板に並べる。塩を少しずつまぶし、110度のオーブンで90分ほど焼く（またはざるに並べて天気のいい日に2〜3日干す）。
2 保存容器に1、アンチョビー、バジルを入れ、オリーブ油を注ぐ。
（夏梅）

Point

**そのまま食べても
アレンジをきかせても**

低温のオーブンでじっくり焼いて、うまみをギュッと凝縮。アンチョビー、バジルもいっしょに食べます。オイルはそのままたれとしてかけても、塩を加えてドレッシングにしても。

さっと塩ゆでした豆苗とソフトドライトマトをまぜ、マリネ油を少々かけ、冷ややっこと合わせると美味。

Part 4 | メイン野菜ひとつで
使いきりサラダ [ミニトマト]

ミニトマトのジンジャーハニーポンポンマリネ

材料（作りやすい分量）
ミニトマト（赤、黄）… 各20個
A ┃ しょうがのしぼり汁、
　┃ 　オリーブ油 … 各大さじ1
　┃ はちみつ … 大さじ3

作り方
1 ミニトマトはへたを除き、熱湯にくぐらせて、湯むきする。
2 ミニトマトをAに加えてマリネする。（牛尾）

作りおきのコツ
ミニトマトの皮をむくことで、口当たりがよくなり、味もしみ込みやすくなります。密閉容器に入れて冷蔵保存し、水分が出てきたらときどき上下を返して。

しょうがの風味とはちみつの甘みがおいしい。

冷蔵で 3日

塩もみきゅうり

材料（作りやすい分量）
きゅうり…3本
ちりめんじゃこ…20g
いり白ごま…大さじ1
塩…少々
A │ しょうゆ、ごま油
　│　…各小さじ2

作り方
1 きゅうりは薄い小口切りにして塩を振る。しんなりしたらもみ、水を2〜3回かえて手早く洗い、水けをしっかりとしぼる。
2 ボウルに入れてAを加え、じゃこ、ごまを加えてまぜる。（夏梅）

作りおきのコツ
えぐみをとるために、塩もみをしたあと、手早く何度か水をかえて洗うこと。きゅうりの90％以上は水分なので、しっかりと水けをしぼるのがコツ。

ごはんのお供や冷ややっこにのせてもおいしい。

冷蔵で 4日

Part 4 メイン野菜ひとつで
使いきりサラダ [きゅうり]

きゅうりの塩いため

材料（作りやすい分量）
きゅうり…6本
豚こまぎれ肉…200g
さくらえび、ねぎのみじん切り…各大さじ6
塩…小さじ2/3
こしょう…少々
ごま油…大さじ2

作り方
1 きゅうりは縦半分に切ってスプーンで種を除き、長さを4等分に切る。豚肉は大きければ食べやすく切る。
2 フライパンにごま油を熱し、豚肉を色が変わるまでいため、きゅうりを加えて2〜3分いためる。
3 さくらえび、ねぎを加えていため、塩、こしょうを振る。(小林)

冷蔵で 2日

しょうゆ漬けきゅうり

材料（作りやすい分量）
きゅうり…2本　　　塩…小さじ1
青じそのせん切り　　A｜しょうゆ、水
　…5枚分　　　　　　…各1/4カップ
赤とうがらしの小口切り　みりん…大さじ3
　…1本分　　　　　　酒、酢…各大さじ1
いり白ごま…大さじ1

作り方
1 きゅうりは塩をまぶしてこすり、細いものならまるごと、太いものなら縦半分に切って3cm長さに切る。さっと洗って水けをきり、密閉容器に入れる。
2 なべにAを入れて火にかけ、煮立ったら火を止め、1に注ぎ入れる。青じそ、赤とうがらし、ごまを加えて清潔なスプーンでまぜる。(黒田)

冷蔵で 4-5日

冷蔵で 6日

かぼちゃとレーズンの カレーマッシュサラダ

材料（作りやすい分量）
かぼちゃ … 大1/4個（400g）
レーズン … 大さじ6
カレー粉 … 小さじ1
A │ マヨネーズ … 大さじ2
　│ 牛乳 … 小さじ2
　│ はちみつ … 大さじ1
　│ 塩、こしょう … 各少々

作り方
1 耐熱皿にかぼちゃを皮目を下にしてのせ、ラップをふんわりとかけて電子レンジで7分ほど加熱する。
2 フォークなどで身をすくってボウルに入れ、あらくつぶす。カレー粉を加えてまぜ、皮は小さくちぎって加える。
3 A、レーズンを加えてまぜる。
（市瀬）

作りおきのコツ
保存には水分が大敵。同じかぼちゃでも種類や季節によって、水分の多いものや、少ないものがあります。水分が多ければ牛乳を少し減らして加えましょう。

Part 4 | メイン野菜ひとつで
使いきりサラダ [かぼちゃ]

かぼちゃのせん切りナムル

材料（6人分）
かぼちゃ … 小¼個（250g）
A｜ごま油、すり白ごま
　　… 各大さじ1
　｜しょうゆ … 小さじ1
　｜塩 … 小さじ⅔
　｜赤とうがらしの小口切り
　　… ひとつまみ

作り方
1 かぼちゃは皮をむかずにせん切りにする。熱湯でさっとゆでてざるに上げ、湯をしっかりきる。
2 ボウルに入れてAを加え、よくあえる。（牛尾）

作りおきのコツ
さっとゆでたかぼちゃの歯ごたえが残っておいしい一品。時間がたって多少余分な水分が出てきても、すり白ごまが吸ってくれるので、おいしさ長もち。

冷蔵で **3日**
冷凍で **1-2週間**

冷蔵で **2日**

ブロッコリーのごまみそ白あえ

材料（4人分）
ブロッコリー … 1個（300g）
木綿どうふ … 1丁（300g）
塩 … 少々
A ┌ みそ … 大さじ2
　├ すり白ごま … 大さじ1
　├ 砂糖 … 小さじ1
　└ 塩 … ふたつまみ

作り方
1 ブロッコリーは小房に分け、軸は皮をむいて輪切りにする。フライパンに入れて塩を振り、水2/3カップを加える。ふたをして中火にかけ、3分ほど蒸し、ざるに上げて冷ます。
2 とうふは大きくちぎってキッチンペーパーで二重に包む。手でぎゅっと押さえて水けをきり、ボウルに入れる。
3 Aを加えてよくまぜ合わせ、1を加えてあえる。（市瀬）

作りおきのコツ
とうふの水きりをしっかりすることで、保存がきくおかずに。キッチンペーパーで包んだら、重しをのせるか手でぎゅっと押さえれば、簡単に水けをきることができます。

Part 4 | メイン野菜ひとつで
使いきりサラダ [ブロッコリー]

ブロッコリーの
グリーンソースペンネ

材料（4人分）
ブロッコリー … 1個（300g）
ペンネ … 320g
塩 … 適量
A｜オリーブ油 … 大さじ4
　｜アンチョビー（フィレ）の
　｜あらいみじん切り … 2枚分
　｜塩、こしょう … 各少々

作り方
1 ブロッコリーは小房に分け、軸は皮をむいて輪切りにする。
2 フライパンにたっぷりの湯を沸かして塩（湯1.5ℓに対して塩大さじ1が目安）を加え、ペンネを袋の表示どおりにゆでる。ブロッコリーも同時に入れてゆでる。
3 ざるに上げて湯をきり、フライパンに戻し入れる。木べらでブロッコリーをつぶし、Aを加えてあえる。（市瀬）

作りおきのコツ
簡単に時間をかけずに作りたい作りおき。ブロッコリーはペンネをゆでているなべで同時にゆでられるので、簡単＆時短調理ができます。

冷蔵で
2-3日

アスパラとちくわの焼きびたし

材料（2人分）
グリーンアスパラガス … 3本
ちくわ … 3本
A ｜ めんつゆ（3倍濃縮）… 大さじ1
　｜ 水 … 大さじ4
サラダ油 … 小さじ1
削り節 … 適量

作り方
1 アスパラは根元のかたい部分をピーラーでむき、長さを半分に切る。ちくわは縦半分に切る。
2 Aはバットに入れてまぜ合わせる。
3 フライパンにサラダ油を強めの中火で熱して1を入れ、転がしながらこんがりと焼き、熱いうちに2にひたす。食べるときに削り節を振る。（市瀬）

Point

**アスパラはゆでずに
ちくわと焼くだけ**

アスパラはゆでなくてOK。フライパンでちくわといっしょに焼きます。焼くことで甘みが増し、香ばしさもプラス。ゆでるなべを使わないので洗い物もラクチンです。

冷蔵で5日

Part 4 メイン野菜ひとつで
使いきりサラダ [グリーンアスパラガス]

焼きアスパラガスのマリネ

材料（作りやすい分量）
グリーンアスパラガス … 8本
A ┃ レモン汁 … 大さじ1
　┃ オリーブ油 … 大さじ2
　┃ 塩 … 小さじ2/3
　┃ こしょう … 少々
　┃ はちみつ … 小さじ1/2

作り方
1 アスパラは筋とはかまを除き、長さを半分に切る。魚焼きグリルで5分ほど焼き、保存容器に入れる。
2 Aをまぜ合わせて回しかけ、マリネする。（牛尾）

作りおきのコツ
アスパラガスを魚焼きグリルで焼くと、ほどよく水分が抜けます。熱いうちに調味料であえて、味をしみ込ませるのがおいしさの秘訣です。

皿の大きさに合わせて切り分けておつまみ風に。

冷蔵で
4日

冷蔵で3日

オクラのしょうがマリネ

材料（作りやすい分量）
オクラ … 2パック
A ┃ しょうがのすりおろし
　┃ 　… 1かけ分
　┃ サラダ油、酢 … 各大さじ2
　┃ しょうゆ … 小さじ1
　┃ 砂糖 … 小さじ2

作り方
1. オクラはがくをぐるりとむき、塩小さじ1/2を振って板ずりする。なべに湯を沸かして30秒〜1分ほどゆで、ざるに上げて湯をきる。
2. 熱いうちに保存容器に入れ、Aを加えてマリネする。(牛尾)

作りおきのコツ
オクラはゆですぎると変色したり、食感が悪くなりやすいので、30秒〜1分さっとゆでるのがポイント。また、オクラが熱いうちに調味料を加えましょう。

ピリッとしたしょうががおいしい。日本酒や焼酎などに。

Part 4 | メイン野菜ひとつで
使いきりサラダ [オクラ・ゴーヤー]

ゴーヤーのカレー煮込み

材料（4人分）
ゴーヤー…1本
鶏ひき肉…100g
玉ねぎ…1個
カレー粉…大さじ2
塩…小さじ1弱
水どきかたくり粉…大さじ1½

作り方
1 ゴーヤーは種とわたをとって5mm厚さに切り、塩少々をまぶす。玉ねぎはみじん切りにする。
2 フライパンに玉ねぎ、ひき肉を入れていため、肉の色が変わったら、ゴーヤー、カレー粉を加えていため合わせる。
3 しんなりしたら水1カップを加えてひと煮立ちさせ、塩で味をととのえて水どきかたくり粉でとろみをつける。（浜内）

作りおきのコツ
ゴーヤーは塩もみをして苦みをとり除いて。いためて煮ることでさらに食べやすくなります。水どきかたくり粉でとろみをつければ、おいしく長もち。

冷蔵で
4日

冷蔵で3日

まるごとピーマンと牛肉のおろし煮

材料（作りやすい分量）
ピーマン…8個
牛こまぎれ肉…200g
A だし…2カップ
   しょうゆ…大さじ2
   みりん…大さじ2
おろし大根…300g

作り方
1 ピーマンは竹ぐしをところどころに刺して穴をあける。
2 なべにAを入れて強火で煮立て、牛肉をほぐしながら入れ、再び煮立ったらアクをとって1を加える。中火にして落としぶたをし、ときどき上下を返しながら20分煮る。
3 ピーマンがくったりとしたら、おろし大根を全体に広げて入れ、1～2分煮る。（検見崎）

作りおきのコツ
しっかりと味がしみて、時間がたってもおいしい一品です。火を止めたら、あら熱をとって保存容器のふたをし、冷蔵庫で保存しましょう。

Part 4 | メイン野菜ひとつで
使いきりサラダ [ピーマン・パプリカ]

焼きパプリカとツナのマリネ

材料（作りやすい分量）
パプリカ（赤）…1個
ツナ缶…小1缶（80g）
A｜塩…小さじ¼
　｜あらびき黒こしょう…少々
　｜レモン汁…½個分

作り方
1. パプリカは縦4等分に切り、へたと種を除く。
2. 魚焼きグリル（または焼き網）を熱してパプリカをのせ、少し焼き色がつくまで強火で両面を焼く。あら熱がとれたら横7～8mm幅に切る。
3. ボウルにツナを缶汁ごと入れ、Aを加えてまぜ、パプリカを加えてあえる。（夏梅）

作りおきのコツ
レモン汁は殺菌効果があるので、作りおきにおすすめの調味料です。保存容器に入れて保存したら、食べるときは、食べる分を清潔な箸でとり分けると、傷みづらくなります。

冷蔵で 2-3日

なすの揚げびたし

材料（作りやすい分量）
なす … 6個
A | しょうゆ … 大さじ3
　| みりん … 大さじ2
　| だし … 1カップ
　| 塩 … 小さじ½
　| 赤とうがらし … 1本
酢 … 大さじ3
揚げ油 … 適量

作り方
1 なすはへたを除き、皮に縦に1cm間隔で浅く切り目を入れる。
2 小なべにAをひと煮立ちさせたらボウルに移してあら熱をとり、酢を加えてつけ汁を作る。
3 揚げ油を170度に熱し、1を3〜4分揚げて油をきり、揚げたてを2につける。（夏梅）

Point

**揚げたてを
つけ汁につける**

揚げたてをつけ汁につけることで、汁の含みがよくなります。冷めるとともに味がしみ込み、そのままでもあたため直しても美味。

コクたっぷりの揚げなすに煮汁がしみておいしい。

冷蔵で
3日

Part 4　メイン野菜ひとつで
使いきりサラダ [なす]

レンジなすのナムル

材料（作りやすい分量）
なす … 3個
A｜ねぎのみじん切り … 大さじ2
　｜しょうゆ … 大さじ1
　｜はちみつ、あらびきとうがらし、
　｜　いり白ごま … 各小さじ1
　｜にんにくのすりおろし
　｜　… 小さじ1/3
　｜塩 … 小さじ1/3

作り方
1 なすはへたを切り落とし、切り口に包丁で切り込みを入れて裂きやすくする。
2 1個ずつラップで包んで電子レンジで2分加熱し、上下を返してさらに1分加熱する。熱いうちに冷水にとって冷ます。
3 水けをふいて手で裂き、まぜ合わせたAをかけてなじませる。（重信）

作りおきのコツ
たれの材料をまぜ合わせたら、なすとは別の保存容器に入れて保存しても。なすをたれであえてから保存しても、しっとりおいしい。

冷蔵で 3日

冷蔵で 3日

サラダのフライドオニオン

材料（作りやすい分量）
玉ねぎ … 1個
小麦粉 … 大さじ4〜5
揚げ油 … 適量

作り方
1 玉ねぎは縦半分に切り、しんを除いて薄切りにし、小麦粉を全体に振りまぜる。
2 160度の揚げ油できつね色になるまで5〜6分揚げる。(夏梅)

作りおきのコツ
薄切りの玉ねぎに小麦粉をまぶして揚げ油で揚げ、水分をじゅうぶんとばすこと。カリカリに揚げることで保存性がアップ。保存するときは乾燥剤を入れると◎。

カリカリのフライドオニオンはサラダのトッピングに。

Part 4 メイン野菜ひとつで
使いきりサラダ［玉ねぎ］

焼き玉ねぎの
バルサミコ酢がけ

材料（作りやすい分量）
玉ねぎ…2個
バルサミコ酢…小さじ4
粉チーズ…大さじ4
塩…小さじ½
こしょう…少々
オリーブ油…大さじ3

作り方
1 玉ねぎは縦半分に切り、しんをつけたまま4等分のくし形に切り、バラバラにならないようにつまようじを刺す。
2 フライパンにオリーブ油を熱して玉ねぎを並べ、ふたをして弱めの中火で3分ほど焼く。上下を返して2～3分焼き、塩、こしょうを振る。
3 ようじを抜き、バルサミコ酢、粉チーズを振る。（大庭）

作りおきのコツ
シンプルに塩、こしょうで味つけをし、仕上げにバルサミコ酢、粉チーズをかけるだけなので簡単。酢には殺菌効果が期待できるので、作りおき向きです。

冷蔵で4日

とろとろねぎマリネ

材料（作りやすい分量）
ねぎ … 4本（正味500g）
ローリエ … 1枚
赤とうがらし … 1本
白ワイン … ¼カップ
白ワインビネガー … 大さじ2
塩 … 小さじ⅔
あらびき黒こしょう … 少々
オリーブ油 … 大さじ2

作り方
1 ねぎは4cm長さのぶつ切りにする。
2 フライパンにオリーブ油を熱し、1を入れて少しずつ転がしながらこんがりと焼く。ローリエ、赤とうがらし、ワインを加えてふたをし、弱火で5分ほど蒸す。火が通ったらワインビネガー、塩、黒こしょうを加える。（牛尾）

作りおきのコツ
ねぎは表面がこんがりとするまで焼いてから蒸し煮にすると、とろとろの仕上がりに。仕上げに白ワインビネガーと塩、こしょうで味をととのえて。

おかずとしてもつまみとしても和にも洋にも合う一品。

冷蔵で4日

Part 4 | メイン野菜ひとつで 使いきりサラダ［ねぎ］

ねぎとじゃこのサラダ

材料（4〜6人分）
ねぎ…2本
ちりめんじゃこ
　…ひとつかみ（40g）
酢…大さじ4
しょうゆ、ごま油…各大さじ2

作り方
1 ねぎは青い部分まで斜め薄切りにし、たっぷりの水にさらす。ときどき水をかえて30分ほどさらし、水けをしっかりきってボウルに入れる。
2 フライパンにごま油を熱してじゃこをいため、カリッとしたら酢、しょうゆを加える。
3 煮立ったら1にジュッとかけ、手早くまぜ合わせる。（夏梅）

作りおきのコツ
ねぎを水にさらしたら、水けをしっかりきるのが作りおきのポイントです。また酢を入れれば、さっぱりと食べられるだけでなく、殺菌効果も期待できます。

冷蔵で4日

冷蔵で 6日

しゃきしゃきセロリマリネ

材料（作りやすい分量）
セロリ … 3本（正味約330g）
こぶ（3cm）… 1枚
赤とうがらし … 1本
A│酢 … 大さじ2
　│砂糖 … 小さじ½
　│塩、薄口しょうゆ
　│　… 各小さじ1

作り方
1 セロリは軸は乱切りにし、葉はざく切りにする。
2 密閉保存袋などに1、こぶ、赤とうがらし、Aを入れて軽くもみ、そのままつける。(牛尾)

作りおきのコツ
葉も残さず使いきりましょう。こぶと赤とうがらしを入れることで、鮮度を保ち、うまみと風味をプラスします。食べごろは冷蔵庫で一晩ねかせてから。

和食の献立に相性がよく、満足感も大です。

Part 4 メイン野菜ひとつで
使いきりサラダ [セロリ]

セロリとツナのクリームチーズあえ

材料（作りやすい分量）
セロリ … 2本
ツナ缶（水煮）… 70g
クリームチーズ（室温にもどす）
　… 100g
塩 … 適量
こしょう … 少々

作り方
1 セロリは軸は薄切り、葉はざく切りにし、塩小さじ½を振って軽くもみ、出てきた水分をしぼる。
2 ほぐしたツナ、ちぎったクリームチーズをまぜ合わせ、塩少々、こしょうで味をととのえる。好みでパプリカパウダーを振る。(牛尾)

作りおきのコツ
塩もみしたセロリは水分が出るので、しっかりと水けをしぼると、もちがよくなります。コクのあるツナとチーズで、時間がたっても美味。

パプリカパウダーは好みで。
バゲットやクラッカーに。

冷蔵で
3-4日

冷蔵で2日

青菜とゆで豚のエスニックサラダ

材料（作りやすい分量）
小松菜…1束（250g）
豚肉（しゃぶしゃぶ用）…100g
A │ 赤とうがらしの小口切り
　　　…ひとつまみ
　│ にんにくのみじん切り…少々
　│ ナンプラー、レモン汁、
　　 サラダ油…各小さじ2
　│ 砂糖…小さじ1

作り方
1 小松菜は塩少々を加えた熱湯に茎から入れて30秒ほどひたし、さらに葉の部分も沈める。5秒ほどしたらざるに上げ、冷水にとって水けをしっかりしぼる。
2 豚肉は熱湯でさっとゆで、冷水にとってからキッチンペーパーなどで水けをとる。
3 1、2をAであえる。（牛尾）

作りおきのコツ
小松菜と豚肉はしっかりと水けをとってから調味料であえましょう。時間がたつと味がぼやけてしまいがちですが、赤とうがらしを入れることで、味がしまります。

Part 4 メイン野菜ひとつで
使いきりサラダ [青菜]

クリームスピナッチ

材料（作りやすい分量）
ほうれんそう … 400g
塩 … 小さじ2/3
こしょう … 少々
バター … 20g
牛乳 … 1/2カップ
粉チーズ … 大さじ1
生クリーム … 大さじ2
小麦粉 … 大さじ3

作り方
1 ほうれんそうは塩少々を加えた湯でゆで、水けをしっかりとしぼって5mm長さに切る。
2 フライパンにバターをとかし、ほうれんそうをいためる。バターがなじんできたら小麦粉を加えてさらにいため、牛乳を少しずつ加えながら、さらにいため合わせる。
3 塩、こしょう、粉チーズを加えて味をととのえ、仕上げに生クリームを加える。（牛尾）

作りおきのコツ
ほうれんそうはバターでしっかりといためながら、水分をとばしましょう。バターや小麦粉、牛乳でソースを作りながら、仕上げに生クリームを加えて濃厚に。

グリルの肉料理や魚介料理との相性はバツグン。

冷蔵で 2-3日

もやしのあえ物

もやしのピリ辛あえ

材料（作りやすい分量・4人分）
豆もやし … 2袋（500g）
いり白ごま … 50g
A│塩 … 小さじ½
　│鶏ガラスープのもと … 大さじ½
　│はちみつ … 大さじ1
　│ごま油 … 大さじ1½
　│一味とうがらし … 小さじ1

作り方
1 もやしはできればひげ根をとる。なべにたっぷりの湯を沸かしてゆで、ざるに上げる。なべに戻してからいりし、水分をとばす。
2 ごまはすり鉢などがあれば、さっとすり、Aを加えてまぜ、もやしをあえる。(夏梅)

冷蔵で
3-4日

冷蔵で
3-4日

Part 4 メイン野菜ひとつで
使いきりサラダ [もやし]

冷蔵で 3-4日

もやしの めんつゆあえ

材料（作りやすい分量）
もやし … 1袋（250g）
A｜めんつゆ（3倍濃縮）… 大さじ4
　｜砂糖 … 小さじ1
　｜水 … 大さじ5
サラダ油 … 小さじ2

作り方
フライパンにサラダ油を強めの中火で熱し、もやしをいためる。全体に油が回ったらAを加え、ひと煮立ちさせてそのまま冷ます。（市瀬）

もやしのみそあえ

材料（作りやすい分量）
もやし … 1袋（250g）
A｜みそ … 小さじ4
　｜みりん … 小さじ2
　｜ごま油 … 少々

作り方
1 なべにたっぷりの湯を沸かしてもやしを入れ、強火で20～30秒ゆでる。ざるに上げて湯をきり、そのまま冷ます。
2 保存容器にAを入れてまぜ合わせ、もやしを加えてあえる。（市瀬）

作りおきのコツ
もやしは水分が多いので、つけ汁といっしょに煮立てたり、ゆでたら水にとらずにざるに上げてあら熱をとったりすると、日もちがよくなります。火を通しすぎず、歯ごたえを残して。

107

冷蔵で 3〜4日

大根とほたてのマヨサラダ

材料（作りやすい分量）
大根 … 500g
ほたて貝柱缶 … 1缶（50g）
塩 … 小さじ2
A | マヨネーズ … 大さじ4
  | 塩、あらびき黒こしょう … 各少々

作り方
1 大根は細切りにし、塩を振って軽くもみ、しんなりしたらしぼる。ほたては缶汁をきってほぐす。
2 ボウルに1を入れ、Aであえる。
（牛尾）

作りおきのコツ
大根は塩もみしたら水けをよくしぼり、ほたては汁けをきってあえること。大根は水が出やすいのでガーゼやふきんで包むなどして、ぎゅっと念入りに水けをしぼるのがポイントです。

みんな大好き定番サラダ。黒こしょうがポイントです。

Part 4 メイン野菜ひとつで
使いきりサラダ [大根]

生ハムと大根のマリネ

材料（2人分）
大根 … 1/6本（200g）
生ハム … 6枚
塩 … 小さじ1/4
A │ レモン汁 … 大さじ1/2
　│ レモンの皮のせん切り
　│ 　… 1/8個分
　│ 酢、砂糖 … 各大さじ1
　│ 塩 … 少々
　│ 熱湯 … 大さじ1/2
オリーブ油 … 大さじ1 1/2
パセリのみじん切り … 少々

作り方
1 大根はいちょう切りにしてボウルに入れ、塩を振ってひとまぜする。10分ほどおいて水けをしぼる。
2 Aをまぜ合わせ、1に加えてあえ、なじませる。
3 半分に切った生ハム、オリーブ油を加えてあえる。食べるときにパセリを振る。（市瀬）

作りおきのコツ
塩を振ってしんなりした大根は水けをしっかりとしぼったら、保存効果のあるレモンを使ったマリネ液であえます。酸味と生ハムの塩けがなじんでマッチした、おいしい一品。

冷蔵で 5日

大根と豚肉のマスタードマリネ

材料（作りやすい分量）
大根 … 10cm（250g）
豚薄切り肉 … 200g
塩 … 少々
A｜マヨネーズ … 大さじ5
　｜粒マスタード、めんつゆ
　｜（3倍濃縮）… 各大さじ1½
　｜塩、あらびき黒こしょう
　｜… 各少々
かたくり粉 … 大さじ3〜4
貝割れ菜 … 適量

作り方
1 大根は5mm厚さのいちょう切りにする。竹ぐしがスッと通るまでやわらかくゆで、ざるに上げて湯をきる。
2 豚肉は3〜4cm幅に切り、塩、かたくり粉をまぶす。1の湯でゆでて水にとり、ざるに上げて水けをきる。
3 ボウルに1、2を入れてまぜ、まぜ合わせたAを回しかけてあえる。食べるときに、貝割れ菜を盛る。
（ほりえ）

作りおきのコツ
大根と豚肉をゆでたら、ざるに上げて水けをきりましょう。貝割れ菜はいっしょに保存するとしんなりしてしまうので、食べるときに添えるとおいしく食べられます。

冷蔵で 3日

Part 4 | メイン野菜ひとつで **使いきりサラダ** [大根]

にんにく塩ぶり大根

材料（作りやすい分量）
大根 … 1/3本（400g）
ぶり … 2切れ（250g）
にんにく（半分に切る）… 1かけ
A | だし … 1.5カップ
　| 酒 … 1/4カップ
　| みりん … 大さじ1 1/2
　| 塩 … 小さじ1/2
サラダ油 … 大さじ1/2

作り方
1 大根は2cm厚さの輪切りにし、片面に1/4ほどの深さに十文字に切り目を入れる。耐熱皿に重ならないように並べて水大さじ1を振り、ラップをふんわりとかけて電子レンジで6分ほど加熱する。冷水にとり、完全に冷まし、水けをきる。ぶりは半分に切る。
2 フライパンにサラダ油を中火で熱し、ぶりの両面を焼きつける。
3 ぶりがこんがりとしたら、A、大根、にんにくを加える。煮立ったらアクをとり、落としぶたをして弱めの中火で15分ほど煮る。途中で一度、全体の上下を返す。
（市瀬）

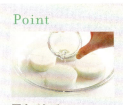

Point

下ゆでして味をしみ込ませる

大根の下ゆでは、電子レンジを使うと簡単！　下ゆですることで味の含みがよくなります。時間がたつほどおいしいので作りおきにおすすめ。

冷蔵で4日

冷蔵で
3−4日

かぶのマスタードマリネ

材料（作りやすい分量）
かぶ … 3個（約600g）
塩 … 小さじ2
A｜ レモン汁 … 大さじ1
　｜ 粒マスタード … 小さじ2
　｜ オリーブ油 … 大さじ2
　｜ あらびき黒こしょう … 少々

作り方
1 かぶは皮をむき、葉つきのままくし形に切る。水にさらして葉の根元のほうの汚れをよく振り洗いする。水けをよくきり、ボウルに入れ、塩を振って軽くもみ込む。
2 水分が出てきたら水けをしぼり、Aを加えてあえる。（牛尾）

作りおきのコツ
葉つきのまま切り分けたら、葉の根元部分の汚れはきれいに振り洗いして。塩もみをしたあとは水けをしぼりますが、葉の部分は特にしっかりとしぼりましょう。

葉もまるごと食べられるおしゃれマリネはおもてなしに。

Part 4 | メイン野菜ひとつで 使いきりサラダ［かぶ］

かぶのこしょうあえ

材料（作りやすい分量）
かぶ … 小8個
塩 … 小さじ2
A ｜ 酢 … 小さじ4
　｜ ごま油 … 小さじ2
　｜ 塩、あらびき黒こしょう
　｜ 　… 各少々

作り方
1 かぶは茎を1～2cm残して葉を切り落とし、5mm厚さの半月切りにする。
2 水2カップに塩をとかし、かぶをつけてしんなりさせ、水けをしぼる。
3 Aをよくまぜてかぶを加え、あえる。（検見崎）

作りおきのコツ
直接塩を振ると塩辛くなりやすいので、塩水にかぶをつけてしんなりさせるのもおすすめ。調味料は分離しやすいのでよくまぜておくのがポイント。

冷蔵で 3日

ごぼうのごま酢あえ

材料（作りやすい分量）
- ごぼう … 200g
- だし … 3カップ
- すり黒ごま … 大さじ5
- A │ 酢、しょうゆ … 各大さじ2
    │ 砂糖 … 大さじ½

作り方
1. ごぼうはたわしで洗い、なべの直径に合わせて長めに切り、水に5分ほどさらす。水を捨て、だしを加えて火にかける。煮立ったら、落としぶたとふたをして、弱火でごぼうがやわらかくなるまで20分ほど煮る。
2. ごぼうをとり出し、汁けをよくきってすりこ木などで軽くたたいて全体にひびを入れ、3～4等分の長さに切る。
3. ごま、Aをまぜ合わせ、ごぼうを加えてあえる。（夏梅）

作りおきのコツ
やわらかく煮たごぼうは、汁けをよくきりましょう。すり黒ごまのあえ衣は、余分な汁けを吸ってくれるので、作りおきにぴったり。酢の防腐効果も期待できます。

Point
ごぼうはたたくと食感と味がよくなる

だしでやわらかくなるまで煮たごぼうは、すりこ木で全体をたたいて繊維をこわします。こうすると、あえ衣の味がよくなじみ、おいしい仕上がりに。

冷蔵で5日

Part 4 メイン野菜ひとつで
使いきりサラダ [ごぼう]

イタリアンきんぴら

材料（作りやすい分量）
ごぼう…1本（100g）
ベーコン…1枚
赤とうがらし…1本
バルサミコ酢…小さじ2
塩、こしょう…各少々
オリーブ油…大さじ½
パセリのみじん切り…適量

作り方
1 ごぼうは皮をむかずに丸めたアルミホイルなどで汚れをこすり落とし、5mm厚さの斜め切りにする。ベーコンは1cm幅に、赤とうがらしは種を除いて小口切りにする。
2 フライパンにベーコンを入れていため、とり出す。つづけてフライパンにオリーブ油を熱してごぼうを入れていためる。
3 バルサミコ酢を加えて全体になじませ、塩、こしょう、赤とうがらしを加えてさっといため、ベーコンを戻し入れていため合わせる。保存容器に入れ、パセリを振る。
（浜内）

Point

**油が回ったら
バルサミコ酢を加えて**

ごぼうをオリーブ油でじっくりいためて火を通したら、バルサミコ酢を加えて全体になじませ、塩、こしょうで調味を。コクを引き出しながら保存性も高めます。

冷蔵で
4日

冷蔵で 4日

れんこんの梅きんぴら

材料（4人分）
れんこん … 200g
梅干し … 1〜2個
みりん、酒 … 各小さじ2
しょうゆ … 小さじ½
ごま油 … 大さじ1

作り方
1 れんこんは3mm厚さの輪切りにし、大きいものは半月切りにして、酢水に10分ほどつけて水けをきる。梅干しは種を除き、あらく刻む。
2 熱したフライパンにごま油を引き、れんこんを強火で2〜3分いためる。油が回ったら、みりん、酒を加えて水分をとばしながらいため、火を止める直前にしょうゆ、梅肉を加えてさっといため合わせる。(植松)

作りおきのコツ
殺菌効果のある梅干しは、作りおきにぴったりの食材。調味料を入れて、水分をとばすようにしっかりいためたら、あら熱を完全にとってから保存容器に入れて保存しましょう。

ほどよい酸味がおいしい常備菜はごはんのお供にも◎。

Part 4 | メイン野菜ひとつで 使いきりサラダ [れんこん]

れんこんの酢の物

材料（作りやすい分量）
れんこん … 200g
しょうが … 小1かけ
酢 … 大さじ3
砂糖 … 大さじ1
塩 … 小さじ½

作り方
1. れんこんは皮つきのままよく洗い、薄切りにする。しょうがは薄切りにする。
2. 耐熱容器に酢、砂糖、塩、水大さじ1を入れてよくまぜ、れんこんを加える。
3. ラップをかけて電子レンジで2〜3分加熱し、しょうがを加えてまぜる。（浜内）

作りおきのコツ
れんこんは白く仕上げるために、切ったらすぐに酢水につけることが多いですが、調味料に酢を使えば、酢水につけなくても白いまま。簡単で、時間がたってもきれいです。

冷蔵で 6日

クリーミーマッシュポテト

材料（作りやすい分量・4〜5人分）
じゃがいも … 500g
牛乳 … ½カップ
A │ 生クリーム … ½カップ
  │ 牛乳 … ¼カップ
バター … 20g
塩、こしょう … 各少々

作り方
1 なべにじゃがいも、かぶるくらいの水を入れて火にかけ、煮立ったら弱火にして30分ほどゆでる。じゃがいもにスッと竹ぐしが通ったら、湯を捨て、あたたかいうちに乾いたふきんなどでじゃがいもを持って皮をむき、つぶす。
2 牛乳を加え、裏ごしする。
3 なべにAを入れて人肌くらいにあたため、2を加えまぜ、弱火にしてバターを加え、全体をまぜる。味をみて塩、こしょうで味をととのえる。（夏梅）

作りおきのコツ
クリーミーな食感に仕上げるコツは、ズバリ裏ごし。このひと手間があるだけで、なめらかな食感に。あとは生クリーム、牛乳、バターで仕上げます。

鶏のコンフィやローストビーフなどの肉料理に添えて。

冷蔵で6日

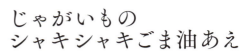

Part 4 メイン野菜ひとつで 使いきりサラダ［いも］

じゃがいもの シャキシャキごま油あえ

材料（作りやすい分量）
じゃがいも（メークイン）… 500g
A ｜ ごま油 … 大さじ1
　｜ 酢 … 大さじ2
　｜ 塩 … 小さじ1
　｜ こしょう … 少々
　｜ すり白ごま … 小さじ2
サラダ油 … 小さじ1

作り方
1 じゃがいもは皮をむいて細切りにし、水にさらす。サラダ油を加えた湯で30秒ほどゆで、ざるに上げて湯をきる。
2 ボウルに入れ、まぜ合わせたAを加えてさっくりとまぜる。（牛尾）

冷蔵で 3-4日

さつまいもの トースターバター焼き

材料（6人分）
さつまいも
　… 大1本（約300g）
粉チーズ、牛乳
　… 各大さじ3

A ｜ バター … 30g
　｜ 塩 … 小さじ¼
　｜ こしょう … 少々

作り方
1 さつまいもは皮つきのまま蒸して皮をむく（または、皮をむいて1cm厚さの輪切りにし、耐熱皿に並べてラップをし、電子レンジで5分加熱する）。
2 熱いうちにボウルに入れ、Aを加えてつぶし、粉チーズ、牛乳を加えてよくまぜ、シリコンカップ（アルミカップでも）に等分に入れる。
3 オーブントースターの天板に並べて5分ほど焼く。（牛尾）

冷蔵で 3-4日

さつまいものマーマレード煮

材料（4人分）
さつまいも … 1本（300g）
A｜マーマレード
　　　… 大さじ6
　　砂糖 … 大さじ8
　　水 … 3カップ

作り方
1 さつまいもは皮つきのまま7〜8mm厚さの輪切りにし、水に5分ほどさらして水けをきる。
2 なべ（直径18cmほど）にAを入れてまぜ合わせ、さつまいもを入れる。中火にかけ、煮立ったら落としぶたをして弱火で7分ほど煮る。そのまま冷ます。（市瀬）

Point

さつまいもは切ったら水にさらす

さつまいもは切ってから水に5分ほどさらすことで、でんぷん質やアクが抜けて、きれいな色の煮物になります。煮くずれもしにくくなります。

冷蔵で3日

Part 4 メイン野菜ひとつで
使いきりサラダ [いも]

大学いも風いため

材料（4人分）
さつまいも … ½本（150g）
砂糖 … 大さじ2
しょうゆ、いり黒ごま
　… 各小さじ½
サラダ油 … 大さじ1

作り方
1. さつまいもは皮つきのまま7～8mm厚さの斜め切りにし、さらに7～8mm幅の棒状に切る。さっと水にくぐらせて水けをふく。
2. フライパンにサラダ油を中火で熱し、さつまいもを3分～3分30秒いためる。竹ぐしがスッと通るようになったら砂糖を加えていため合わせ、砂糖がとけたら、しょうゆ、ごまを加えてさっといためる。（市瀬）

Point

**細めに切って
時短調理！**

さつまいもは細めの棒状に切ることで、火の通りがよくなり、短時間で調理できるように。斜め切りにしてから、棒状に切ると見た目もきれいです。

冷蔵で
2日

冷蔵で5日

長いもの梅しそあえ

材料（4人分）
長いも … 400g
梅干し … 1個
青じそ … 2枚
みりん … 小さじ1

作り方
1 長いもは皮をむき、1cm角に切る。梅干しは種をとって包丁でたたく。青じそはせん切りにする。
2 ボウルに梅肉を入れて青じそとみりんを加えてよくまぜ、長いもをあえる。（金沢）

作りおきのコツ
梅干しと青じそは保存作用があるので、作りおきにおすすめの食材です。梅干しの塩分量が少なかったり、時間がたって味がぼやけたりしたら、好みでしょうゆを少々加えても。

Part 4 | メイン野菜ひとつで 使いきりサラダ [いも]

里いものタラモサラダ

材料（作りやすい分量・4～5人分）
里いも … 500g
からし明太子 … 80g
A｜玉ねぎのすりおろし
　　　… 大さじ1
　｜酢 … 大さじ2 ½
　｜オリーブ油 … 大さじ3
塩、こしょう … 各少々

作り方
1 里いもは上下のかたいところを切り落とし、ラップで包んで電子レンジで5分ほど加熱する。上下をかえて2～3分加熱し、スッと竹ぐしが通ったら、ラップをはずして冷まし、表面が乾いたら皮をむいてつぶす。
2 明太子は薄皮ごと5mm厚さに切り、Aとまぜる。
3 里いも、2をよくまぜ、味をみて、塩、こしょうで味をととのえる。
（夏梅）

作りおきのコツ
ねっとりとした食感がクセになる明太サラダ。里いもは皮ごとラップに包み、電子レンジで加熱するとラク。保存容器に入れたら落としラップをすると、表面の乾燥を防げます。

玉ねぎのすりおろしの風味が絶妙なそうざいサラダ。

冷蔵で5日

いろいろきのこのレンジマリネ

材料（作りやすい分量）
きのこ（マッシュルーム、えのきだけ、エリンギ、しめじ、しいたけなど）… 500g
A│白ワイン … 大さじ3
　│ローリエ … 1枚
　│塩 … 小さじ1
　│こしょう … 少々
B│白ワインビネガー、オリーブ油
　│… 各大さじ3

作り方
1 マッシュルームはさっと洗う。えのきは根元を2cmほど切り落とし、長さを半分に切ってほぐす。エリンギは斜め薄切りにする。しめじは石づきを少し切り落とし、小房に分ける。しいたけは石づきを除いて薄切りにする。
2 耐熱容器に1とAを入れ、ラップをかけて電子レンジで2分加熱し、まぜてさらに2分加熱する。
3 Bを加えてまぜる。（夏梅）
※きのこは好みのものを。1種類でも数種類をまぜても美味。

作りおきのコツ
白ワインビネガーとオリーブ油を同率でまぜたマリネ液は覚えておくと便利。きのこは白ワインで煮てうまみを引き出しておくのがコツ。

冷蔵で **5日**
冷凍で **2週間**

Part 4 | メイン野菜ひとつで 使いきりサラダ［きのこ］

きのこの当座煮

材料（作りやすい分量）
しいたけ、しめじ、えのきだけ
　…各100g
A｜しょうゆ…大さじ2
　｜酒…大さじ3
　｜塩…小さじ¼
しょうがのしぼり汁…大さじ1

作り方
1. しいたけは石づきを除き、そぎ切りにする。しめじは石づきを切り落とし、小房に分ける。えのきは根元を2cmほど切り落とし、長さを半分に切ってほぐす。
2. なべに1とAを入れ、ふたをして火にかける。煮立ったらふたをとり、汁けをとばすようにときどきまぜながら5〜6分煮詰める。仕上げにしょうが汁を加えまぜる。
（夏梅）

作りおきのコツ
きのこがたくさん手に入ったら作りたい常備菜。まずは煮汁にきのこを入れて蒸し煮に。そのあと水分をとばして煮詰めるのが、保存性を高め、おいしく仕上げる秘訣。

うまみたっぷりの常備菜はごはんのお供やおべんとう、おつまみに。

冷蔵で **7日**
冷凍で **2週間**

冷蔵で3日
冷凍で1週間

きのこのクリーム煮

材料（4人分）
しいたけ … 4個
しめじ … 1パック
えのきだけ … 小1袋
エリンギ … 4本
ベーコン … 2枚
塩 … 小さじ½
サワークリーム … ½カップ
しょうゆ … 適量
生クリーム（または牛乳）
　… 大さじ1〜2
オリーブ油 … 大さじ2
パセリのみじん切り
　… 小さじ2

作り方
1 きのこは石づきや根元を切り落とし、食べやすい大きさに切る。ベーコンは3cm幅に切る。
2 フライパンにオリーブ油を熱して1を入れ、塩を振っていためる。
3 全体にしんなりとしてきたら、サワークリームを加えて煮る。煮詰まってとろりとしてきたら、しょうゆ、生クリームを加えてまぜ、パセリを振る。（飛田）

作りおきのコツ
きのこが全体にしんなりするまでいためてからサワークリームを加えて。全体にとろみがついてきたら仕上げのタイミング。しょうゆがおいしい隠し味です。

Part 4 | メイン野菜ひとつで
使いきりサラダ [きのこ]

エリンギのペペロンチーノ

材料（作りやすい分量）
エリンギ … 1パック（100g）
にんにく … 1かけ
赤とうがらし … 1本
塩、あらびき黒こしょう … 各少々
オリーブ油 … 大さじ2

作り方
1. エリンギは大きいものは長さを半分に切り、手で縦4〜6等分に裂く。にんにくはみじん切りにする。赤とうがらしはへたと種を除いて、小口切りにする。
2. フライパンにオリーブ油、にんにくを入れ、弱火にかける。香りが立ったら中火にし、エリンギ、赤とうがらしを加えてさっといため、水大さじ2を振ってさらにいためる。
3. エリンギがしんなりとしたら、塩、黒こしょうを加えて手早くまぜる。（コウ）

作りおきのコツ
にんにくは弱火で加熱して香りをじゅうぶんに引き出すのが最大のコツ。エリンギは手で裂くことで味がよくなじみます。途中で水を加えるのもおいしさの秘訣。

冷蔵で **2日**
冷凍で **1週間**

冷蔵で **4日**

冷凍で **1週間**

切り干し大根とツナの
レモンオイル

材料（作りやすい分量）
切り干し大根 … 30g
ツナ缶 … 小1缶
レモン汁 … 大さじ1
塩、こしょう … 各適量
サラダ油 … 大さじ1

作り方
1 切り干し大根はたっぷりの水にひたし、途中、水を数回かえながら、10分ほどおいてもどす。もみ洗いをして水けをしっかりしぼる。
2 ツナは缶汁をきり、ボウルに入れる。レモン汁、サラダ油、塩、こしょうを加えてしっかりまぜ、1を加えて全体をよくまぜ合わせる。（上田）

作りおきのコツ
切り干し大根は煮物だけでなく、サラダにも活用できる優秀食材。もどすときは、水を数回かえてもみ洗いをすると、特有のくさみが抜けるのでていねいに行いましょう。

Part 4 | メイン野菜ひとつで
使いきりサラダ [乾物]

ひじきのヨーグルトサラダ

材料（作りやすい分量）
ひじき（乾燥）… 30g
プレーンヨーグルト … 300g
しば漬けのみじん切り … 60g
A にんにくのすりおろし … 少々
　 レモン汁 … 小さじ2
　 塩、こしょう … 各少々
オリーブ油 … 大さじ1

作り方
1 ヨーグルトはキッチンペーパーを敷いたざるに入れ、20分おいて水きりする。
2 ひじきは水につけてもどし、水けをきる。フライパンにオリーブ油を入れて熱し、ひじきをいためて水けをとばし、冷ます。
3 ボウルに1を入れ、しば漬けと2を加えてまぜ、Aを加えてよくあえる。（検見崎）

作りおきのコツ
作りおきのポイントは、水けを残さないこと。あえ衣のヨーグルトも水きりをするとねっとり濃厚な状態に。市販のプレーンギリシャヨーグルトを使うのもおすすめ。

冷蔵で **3日**

冷凍で **1週間**

冷蔵で **4〜5日**

冷凍で **2週間**

豆のディルマリネ

材料（4人分）
ミックスビーンズ（冷凍）…150g
ディル（フレッシュ）…3枝
A | 酢、オリーブ油…各大さじ3
　　砂糖…小さじ1
　　塩…小さじ½
　　にんにくのすりおろし
　　　…小さじ⅓
　　こしょう…少々

作り方
1 ディルはこまかく刻んでボウルに入れ、Aを加えてよくまぜる。
2 ミックスビーンズはざるに入れて流水で洗い、水けをしっかりきって1に加え、よくあえる。(牛尾)

作りおきのコツ
ミックスビーンズは冷凍のほか、ドライパック、水煮缶を使っても。ディルはさわやかな香りが特徴のハーブ。マリネ液に加えるときはこまかく刻んで香り高く。

Part 4 メイン野菜ひとつで
使いきりサラダ [豆類]

枝豆の中華びたし

材料（作りやすい分量）
枝豆 … 1袋（250g）
A │ 紹興酒、しょうゆ
　│ 　　 … 各小さじ2
　│ 八角 … 1個
　│ 赤とうがらし … 1本
　│ しょうがの薄切り … 1かけ分

作り方
1 枝豆はキッチンばさみで両端を切り落とし、塩適量を振ってこすり、塩をつけたまま熱湯に入れて4分ほどゆでる。
2 ざるに上げて湯をきり、熱いうちに、まぜ合わせたAとともに保存容器に入れ、ときどきまぜながらつける。(牛尾)

作りおきのコツ
枝豆は塩を振ってこすることで、うぶ毛がとれて口当たりがよくなります。また、そのままゆでるからとっても手軽。つけ汁とは枝豆が熱いうちに合わせるのがコツ。

一度食べたらやめられない、ビールのお供に最適な一品。

冷蔵で **3日**

冷凍で **2週間**

Column 4

ポリ袋&保存容器で
漬けワザ4

野菜を調味液や塩で漬けるピクルスや漬け物。ポリ袋や保存容器を使えば、
あっという間にできる「漬けワザ」をご紹介します。

① 野菜は塩でもんで水けをよくしぼる

漬け物やピクルスを作るときのポイントは、野菜に含まれる水分をよくしぼること。野菜を塩でもむと、浸透圧により野菜の細胞内にある水分が引き出されます。その水分をよくしぼり出すことで、調味液が野菜の中に入り、おいしく。

② ポリ袋に入れればもみ込むだけだからラク!

調味液に漬けるときに便利なのがポリ袋。ポリ袋に塩もみして水けをしぼった野菜を入れ、調味液を加えて、袋の外側からもむだけ。袋の口をしばり、冷蔵室に一晩おきます。ポリ袋に調味液といっしょに入れてもむピクルスもおすすめ。

③ 漬け汁は少なめでOK

ポリ袋調理なら調味液は少なくてOK。袋ごともみ込むから、漬け汁の量が少なくてすみます。ポイントは、調味液に野菜がひたるようにすることと、袋の空気を抜いて口を閉めること。こうすると重しをしたようにうまく漬かります。

④ 保存容器に入れるときは落としラップを

ぬか漬けやみそ漬けなどを保存容器で漬けるときに失敗しがちなのが、表面を乾燥させてしまうこと。保存容器に入れたら、表面にぴったりとラップをかける落としラップを。その上に軽い重しをのせると、さらにおいしく漬けられます。

Part 5

ねかせておいしい、ピクルス・漬け物

作りたても、ねかせてからもおいしい
作りおきサラダは野菜の常備菜。ピクルスや漬け物は
作りおき生活に欠かせません。和風やエスニックの
漬け物まで幅広くご紹介。野菜をかえて楽しんで。

冷蔵で
7日

冷蔵で
7日

Part 5 ねかせておいしい、ピクルス・漬け物

1種のたれでオイキムチとカクテキ

材料（作りやすい分量）
きゅうり … 3本
大根 … 100g
ねぎ … 1/2本
にんじん … 3cm
にら … 50g
アミの塩辛 … 大さじ2
（またはいかの塩辛のみじん切り大さじ3）
A │ にんにくのすりおろし … 大1かけ分
  │ しょうがのすりおろし、コチュジャン、
  │ ナンプラー、はちみつ … 各大さじ2

作り方
1 Aはまぜ合わせる。
2 ねぎは斜め薄切りに、にんじんはせん切りに、にらは3cm長さに切る。
3 アミの塩辛とAをまぜ、2を加えてあえる。
4 オイキムチを作る。きゅうりは長さを半分に切って縦に切り込みを入れ、塩水（水2/3カップ＋塩小さじ1）につけ、しんなりしたら水けをふく。3の2/3量を切れ目にはさみ、2時間以上漬けて味をなじませる。
5 カクテキを作る。大根は縦4等分に切り、小さめの乱切りにする。塩水（水2/3カップ＋塩小さじ1）につけ、しんなりしたらもんでしぼり、水けをふいて、3の1/3量をからめ、2時間以上漬けて味をなじませる。（夏梅）

Point

アミの塩辛がなければふつうの塩辛でも

本場韓国のキムチを作るときに欠かせないアミの塩辛。市販されていますが、手に入らなければ、いかの塩辛で代用しても。アミの塩辛はごはんにもよく合います。

作りおきのコツ

野菜は水けをしっかりとふいてから、味つけしましょう。漬ける時間は好みでOK。食べるときに全体をまぜ合わせると、味のムラがなくなり、よりおいしくなります。

オイキムチとカクテキは、器にいっしょに盛っても。焼き肉はもちろん、塩豚などにもよく合います。

冷蔵で 5日

ベトナム風甘酢漬け

材料（作りやすい分量・4人分）
きゅうり … 2本
にんじん … 小1本
れんこん … 80g
パプリカ（赤、黄、オレンジ）
　…各½個
A│ナンプラー（またはニョクマム）
　│　…大さじ2
　│きび砂糖 … 大さじ1½
　│レモン汁 … 1個分
　│ぬるま湯 … ¼カップ

作り方
1 きゅうりは斜め薄切りにし、塩水（水⅔カップ＋塩小さじ1）につけ、しんなりしたらもみ、水けをしっかりとしぼる。にんじんはあればギザギザの皮むきで皮をむき、薄切りにする。塩水（水⅔カップ＋塩小さじ1）につけ、しんなりしたらざるに上げて水けをふく。
2 れんこんは薄いいちょう切りにし、酢少々を加えた熱湯で透き通る程度にゆで、そのまま湯の中で冷まして水けをふく。パプリカは細切りにする。
3 Aをまぜ合わせ、1、2を加えて2時間以上漬ける。（夏梅）

作りおきのコツ
レモン汁がたっぷり入って、さっぱり食べられるおかずです。野菜の彩りがきれいなので、常備しておくと、食卓がさみしいときに、さっと出せてとても便利です。

小鉢に盛りつけるだけで鮮やか。

きゅうりの1本だし漬け

材料（作りやすい分量）
- きゅうり…5本
- しょうがのせん切り…10g
- こぶ…8g（6cm角くらい）
- 塩…適量
- A
  - 塩…小さじ1
  - 水…1½カップ
  - しょうゆ、みりん…各大さじ1

作り方
1. きゅうりは両端を少し切り落とし、水でぬらしてまないたなどに並べ、塩を少し多めに振る。塩が緑色に変わるまで板ずりし、さっと洗って水けをふく。
2. なべにAを入れ、ひと煮立ちさせて火を止める。こぶ、しょうが、きゅうりを加え、2時間以上漬ける。（夏梅）

作りおきのコツ

しょうがを加えることで風味がよくなるだけでなく、殺菌効果も。切らずにそのまま漬けるので、味のしみ込みすぎを防ぎます。ポリ袋に入れて漬けるのも手軽。

食べるときは斜め切りにして器に盛りつけるだけ。

冷蔵で 3日

冷蔵で **3日**

ラーパーツァイ

材料（作りやすい分量・4人分）
白菜 … ¼個
A｜酢 … 大さじ4
　｜砂糖 … 小さじ2
　｜赤とうがらしの小口切り
　｜　… 少々
　｜粉ざんしょう … 小さじ½
　｜しょうがのみじん切り … 10g
　｜塩 … 大さじ½
ごま油 … 大さじ4

作り方
1 白菜は1枚ずつはがし、しんの部分は5cm長さの細切りにし、葉先はちぎって別にしておく。
2 フライパンにごま油を煙が立つくらいまで熱し、白菜のしんにかけてまぜる。
3 Aをまぜ合わせ、2、白菜の葉先をあえる。(夏梅)

作りおきのコツ
甘ずっぱさの中に、さんしょうやしょうがの風味が広がるおかず。調味料と合わせたら、すぐに食べても、しんなりするまでおいてから食べても美味。

箸が止まらない一品。粉ざんしょうが味のポイントに。

かぶとみょうがの塩麹漬け

材料（作りやすい分量・4人分）
かぶ…3個
みょうが…4個
A｜塩麹…大さじ4
　｜しょうがのすりおろし…30g

作り方
1 かぶは茎を1cmくらい残して切り落とし、茎元の部分だけ皮をむき、8等分くらいのくし形切りにする。塩水（水⅔カップ＋塩小さじ1）につけ、しんなりしてきたら軽くもんで水けをふく。
2 みょうがは縦4〜6等分に切る。
3 Aをまぜ合わせて1、2にからめ、2時間以上漬ける。（夏梅）

作りおきのコツ
塩麹に漬けることで日もちするので、作りおきにおすすめです。もちがよくなるだけでなく、かぶもやわらかく食べやすくなり、うまみがアップして味わい深くなります。

マイルドな塩麹としょうがの風味は絶妙に合います。

冷蔵で5日

長いものみそ漬け

材料（作りやすい分量・4～5人分）
長いも…300g
にんじん…30g
A ｜ 西京みそ
　　…100g（なければみそ50g）
　　みりん…大さじ3
　　粉がらし…小さじ2
　　（またはねりがらし小さじ1）

作り方
1 Aはまぜ合わせる。
2 長いもは1cm厚さの輪切りにする。にんじんは1cm幅の短冊切りにする。
3 長いも、にんじんにAをからめ、30分以上漬ける。（夏梅）

作りおきのコツ
発酵食品で塩分濃度の高いみそに漬けることで、保存性がアップ。粉がらしが味のアクセントになり、シャキシャキの食感もおいしいです。

ほんのり甘辛いみそ漬けは止まらないおいしさ。

冷蔵で
1-2日

切り干し大根のハリハリ漬け

材料（作りやすい分量・4〜5人分）
切り干し大根（太いもの）… 100g
にんじん … 30g
A | 酢 … 2/3カップ
　| しょうゆ … 大さじ2
　| 砂糖 … 大さじ3
　| 塩 … 小さじ1/3
　| いり白ごま … 小さじ2
　| しょうがのみじん切り … 10g
　| こぶの細切り … 2g
　| 赤とうがらしの小口切り … 少々

作り方
1. 切り干し大根は袋の表示に従ってもどし、軽くしぼる。にんじんはせん切りにする。
2. Aをまぜ合わせ、1を加えてあえ、30分以上漬ける。（夏梅）

作りおきのコツ
酢と乾物を使った、日もちがよい昔ながらの漬け物。こぶのうまみが広がり、時間がたってもおいしく食べられます。赤とうがらしを加えることで、味が引き締まります。

ポリポリとした歯ごたえも楽しめる、満足度の高い一品。

Part 5　ねかせておいしい、ピクルス・漬け物

冷蔵で 7日

玉ねぎの甘酢じょうゆ漬け

材料（作りやすい分量・5〜6人分）
玉ねぎ … 2個
A | 酢 … 1/3カップ
　| しょうゆ … 大さじ1 1/2
　| 砂糖 … 大さじ3
　| 赤とうがらしの小口切り
　|　　… 少々
　| 塩 … 小さじ1/2

作り方
1 玉ねぎは縦半分に切り、しんを除いて薄切りにする。
2 Aをまぜ合わせ、玉ねぎを加えて漬ける。（夏梅）

冷蔵で4日

作りおきのコツ
甘ずっぱい味で、箸休めなどにもおすすめのおかず。玉ねぎがたくさんあったら、作りおきしておくと便利です。しょうゆが入っているので、ごはんとの相性も◎。

肉料理に添えたり、サラダのトッピングにしたりも。

Part 5 ねかせておいしい、ピクルス・漬け物

らっきょうの塩漬け

材料（でき上がり量約1kg分）
らっきょう（あれば泥つき）…1kg
塩…80g
赤とうがらし…2本

作り方
1. らっきょうは流水で洗って泥を落とし、根元はぎりぎりまで、茎は少し長めに残して切り落とす。薄皮をむいてもう一度流水で洗い、水けをふきとる。
2. 煮沸消毒した保存容器に、らっきょう、塩、赤とうがらしを入れて揺らし、塩を全体に行き渡らせる。なべに水¾カップを沸かし、冷ましてから保存容器に注ぐ。
3. らっきょうの上に重しをのせ、ふたをして完成。冷暗所におき、2〜3日に一度、ふたをあけてガスを抜く。2〜3週間たったら、水にひたして塩抜きをして食べる。

らっきょうの甘酢漬け

材料（でき上がり量約1kg分）
らっきょう（あれば泥つき）…1kg
あら塩…50g
A｜酢…2カップ　砂糖…1カップ
　｜赤とうがらし（種はとり除く）…2本

作り方
1. 「塩漬け」の作り方1と同じ。
2. ボウルに入れ、塩をまぶしてしっかりともみ込み、ラップをかけて室温で一晩漬ける。
3. 流水で洗って塩けを落とし、水けをしっかりふきとる。
4. なべにAを入れて中火にかける。ひと煮立ちさせ、酢のツンとした香りをとばし、火を止めてじゅうぶんに冷ます。
5. 煮沸消毒した保存容器に、下漬けした3のらっきょうを入れ、4を注ぎ入れる。冷暗所で1カ月ほど漬け込む。（ともに黒田）

冷暗所で 1年

冷暗所で 1年

冷蔵で7日

Part 5 ねかせておいしい、ピクルス・漬け物

ミックスピクルス

材料（作りやすい分量・4〜5人分）
きゅうり … 3本
にんじん … 小1本
セロリ … 1本
パプリカ（赤、黄）… 各½個
ブラックオリーブ … 12〜15個
うずらのゆで卵 … 10個
A｜塩 … 大さじ1
　｜砂糖 … 大さじ2
　｜粒こしょう（白、黒）… 各5〜6粒
　｜クローブ … 2粒
　｜ローリエ … 2枚
　｜酢、水 … 各1カップ

作り方
1 きゅうりは縦半分に切り、3cm長さに切る。塩水（水⅔カップ＋塩小さじ1）に10分以上つけて水けをふく。にんじんは薄い半月切りにする。セロリは6〜7mm厚さの斜め切りにする。パプリカはへたと種を除き、1cm角に切る。
2 なべにAを入れて火にかけ、煮立つ直前で火を止める。
3 あたたかいうちに保存容器に注ぎ、1、オリーブ、うずらの卵を加えて2時間以上漬ける。（夏梅）

作りおきのコツ

いろいろな野菜を使ったピクルスは、作りおきしておけば、手軽に食べられて、野菜不足解消にも。おべんとうに入れれば彩りもよくなります。こしょうやクローブ（写真）などスパイスをきかせると、保存性も風味もアップ。

カレーピクルス

材料（作りやすい分量）
にんじん … 1本（150g）
カリフラワー … ½個（200g）
パプリカ（黄）… 1個
A ┃ ローリエ … 1枚
　┃ 水、酢 … 各1カップ
　┃ 砂糖 … 大さじ5
　┃ カレー粉 … 大さじ1
　┃ 塩 … 小さじ2

作り方
1 ボウルにAを入れてまぜる。
2 にんじんは7〜8mm厚さの輪切りにする。カリフラワーは小房に分け、大きいものは半分に切る。パプリカは横半分に切ってから縦1.5cm幅に切る。
3 なべに湯を沸かして塩少々を加え、にんじんを2分30秒ほど、カリフラワーを2分ほど、パプリカをさっとゆで、ざるに上げる。熱いうちに1に加え、冷ましながら漬ける。（市瀬）

Point
**ゆでたての野菜を
ピクルス液に漬ける**
まぜたピクルス液に熱い野菜を漬ければ、冷めるうちに味が入っていきます。あたためたピクルス液を作らなくてもいいのでラクちんです。

冷蔵で **7日**

Part 5 ねかせておいしい、ピクルス・漬け物

冷蔵で1週間

みょうがの甘酢漬け

材料（みょうが5個分）
みょうが…5個（100g）
A│酢…80ml
　│水…¼カップ
　│砂糖…大さじ2
　│塩…小さじ¼

作り方
1 なべにAを入れて中火にかける。ひと煮立ちさせ、酢のツンとした香りをとばし、火を止めてあら熱をとる。
2 別のなべに湯を沸かし、縦半分に切ったみょうがを入れる。5秒ほど湯通ししたら、ざるに上げてあら熱をとる。
3 保存容器に移し、1を注ぎ入れ、冷蔵室で1時間ほど漬け込む。(黒田)

新しょうがの甘酢漬け

材料（でき上がり量約100g分）
新しょうが…100g
A│酢、水…各½カップ
　│砂糖…40g
　│塩…小さじ¼

作り方
1 なべにAを入れて中火にかける。ひと煮立ちさせ、酢のツンとした香りをとばし、火を止めてあら熱をとる。
2 しょうがは汚れを包丁でこそげ落とし、皮をむかずに薄切りにする（ひねしょうがを使う場合は、皮をむいて薄切りにし、さっとゆでて冷水に10分さらす）。
3 保存容器に移し、1を注ぎ入れ、冷蔵室で1時間ほど漬け込む。(黒田)

冷蔵で2カ月

冷蔵で
1-3日

Part 5 ねかせておいしい、ピクルス・漬け物

ぬか漬け

材料（作りやすい分量）
米ぬか（新鮮なもの）…500g
だしこぶ（5cm角に切る）…8g
赤とうがらし（種をとり除く）…3本
塩…90g
捨て漬け用野菜（キャベツの外葉、
　大根やにんじんの葉など）…適量
好みの野菜（きゅうり、にんじん、大根、
　なすなど）
　…適量

作り方
1 ぬか床を作る。なべに水3.5カップと塩を入れてまぜ、ひと煮立ちさせて冷ます。
2 保存容器に米ぬかを入れ、1を少しずつ加えていく。
3 ぬかがしっとりするまでよくまぜ、だしこぶ、赤とうがらしを加えてさらにしっかりとまぜる。
4 捨て漬け用野菜はきれいに洗い、水けをよくふいて3に漬け込む。ぬかの乳酸菌の働きで発酵が進む。
5 ぬか床の表面を手でしっかり押して平らにする。容器の内側をきつくしぼったふきんできれいにふき、冷暗所におく。1日2回まぜて3〜4日たったら捨て漬け用野菜をとりかえ、1週間ほどでぬか床が完成。
6 野菜を漬ける。野菜は洗って水けをよくふき、塩少々（分量外）をすり込み、ぬか床に漬け込む。1日最低2回、夏場は2〜3回、底から空気を入れるようにまぜる。
7 夏場は5〜6時間、冬場は14〜15時間で食べごろに。ぬかを洗い流して水けをしぼり、食べやすく切る。（黒田）

Point
香りづけは赤とうがらし以外でも
香りづけに赤とうがらしを使っていますが、にんにくやさんしょうの実、酒かす、飲み残しのビールなどでもOK。しっかりとまぜて、ぬか床を作ります。

作りおきのコツ
ぬか漬けは深めのほうろう容器や陶製のかめで漬けるのがおすすめ。においや酸に強く、ぬかの状態を長もちさせてくれます。

にんじんのソムタム

材料（作りやすい分量・4人分）
- にんじん … 小2本（200g）
- さやいんげん … 10本
- ミニトマト … 6個
- 干しえび … 大さじ2
- にんにく … 1かけ
- 赤とうがらし … 4本
- ピーナッツ（食塩無添加） … 大さじ2
- A ┃ レモン汁 … 1個分
    ┃ ナンプラー、砂糖 … 各大さじ2

作り方

1. にんじんはせん切りにする。いんげんは4～5cm長さに切り、包丁の腹をあてて軽くつぶす。ミニトマトは半分に切る。干しえびは少量の水につけてもどし、水けをきる。にんにく、赤とうがらしは包丁の腹で軽くつぶす。
2. Aをまぜ合わせて砂糖をとかす。
3. ファスナーつき保存袋にA、にんにく、赤とうがらし、干しえび、いんげん、ピーナッツを入れて袋の上から軽くもむ。にんじん、ミニトマトを加えてよくもみまぜる。好みで食べるときにキャベツ、きゅうりなどを添える。（高谷）

作りおきのコツ

ポリ袋に材料を入れてもみ込むことで、しっかりと味がなじみます。作りおきしてすぐに食べないときは、全体をまぜてから食べると、味のムラがなくなります。

冷蔵で 5日

Part 5 ねかせておいしい、ピクルス・漬け物

コッチョリキムチ

材料（作りやすい分量・4人分）
- 白菜 … 400g
- きゅうり … 1本
- にんじん … 1/4本
- レモンの輪切り … 4枚
- 青じそ … 10枚
- A
  - しょうゆ、粉とうがらし、ごま油 … 各大さじ1
  - すり白ごま … 大さじ2
  - にんにくのすりおろし … 小さじ2/3
  - 塩 … 少々

作り方
1. 白菜はそぎ切り、きゅうりは斜め薄切り、にんじんはせん切りにする。レモンはいちょう切りに、青じそは1.5cm角に切る。
2. 大きめのボウルにAを入れてまぜ、1を加えてさっくりとまぜる。（重信）

Point

すぐに食べられる発酵なしキムチ

発酵させずにサラダ感覚で食べられるコッチョリキムチ。材料を入れたら、シャキシャキ感を残しながら、手でまんべんなくまぜて。

冷蔵で 5〜6日

冷蔵で
2週間

Part 5 ねかせておいしい、ピクルス・漬け物

白菜キムチ

材料（でき上がり量約400g分）
白菜 … 1/8個
あら塩 … 小さじ1
ヤンニョム（薬味）
　ねぎの白い部分 … 1本分
　玉ねぎ … 1/3個
　にら … 3本
　りんごのすりおろし … 1/2個分
　にんにくのすりおろし、しょうがのすりおろし
　　… 各大さじ1
　いかの塩辛 … 50g
　砂糖、はちみつ … 各大さじ4
　韓国とうがらし … 80g

作り方
1 白菜はざく切りにし、塩を振ってよくまぶし、10分ほどおいてしんなりしたら水けをしぼる。
2 ねぎは斜め薄切り、玉ねぎは薄切りにし、にらは5cm長さに切り、残りのヤンニョムの材料とともにボウルに入れ、スプーンなどでよくまぜる。
3 煮沸消毒した保存容器に、白菜とヤンニョムを交互に入れていき、最後にヤンニョムをのせ、ふたをする。
4 涼しいところにおき、ときどきびんを揺すって発酵を進める。1週間ほどすると赤い漬け汁が出てきて、食べごろに。(黒田)

Point

自家製ならではの味つけを

ヤンニョムの材料はスプーンなどでしっかりとまぜて。自家製は、好みの辛さや味つけにすることができるのがうれしいポイント。

作りおきのコツ

発酵して完成したら、冷蔵室に入れて保存しましょう。保存容器は、洗えばにおいや色が落ちるガラス製を使うのがおすすめです。中身が見えるので作りやすいです。

残り野菜でちょい漬け！
即席漬け物・ピクルス

野菜室に中途半端に残った野菜たちは、
すぐにできる即席漬けでおいしく食べましょう。

冷蔵で
4日

ファスナーつき保存袋に入れ、空気をしっかり抜いて。

こんぶじょうゆ漬け

材料（作りやすい分量）
大根2cm（80g）　なす1/2個　みょうが2個
A［熱湯、しょうゆ各大さじ2　砂糖大さじ1/2　赤とうがらし1本　こぶ5cm角1枚］
※長いも、にんじん、ゴーヤー、かぶ、パプリカなども合う。野菜の量は合計150gが目安。

作り方
1 Aはまぜ合わせ、冷めたらファスナーつき保存袋に入れる。
2 大根は5mm厚さの半月切りにする。なすは縦半分に切ってから7〜8mm厚さの斜め切りにし、水に5分ほどさらしてアクを抜き、水けをきる。みょうがは縦半分に切る。
3 1に2を加え、空気を抜いて袋の口を閉じ、冷蔵庫で一晩漬ける。

にんにく中華漬け

材料（作りやすい分量）
きゅうり1/2本　かぶ小1個（70g）　セロリ1/3本（30g）
A［しょうゆ大さじ2　熱湯、酢各大さじ1　砂糖、ごま油各大さじ1/2　にんにく1/2かけ］
※大根、にんじん、ゴーヤー、なす、長いもなども合う。野菜の量は合計150gが目安。

作り方
1 Aはまぜ合わせ、冷めたらファスナーつき保存袋に入れる。
2 きゅうりは8mm厚さの小口切りにする。かぶは葉を1.5cmほど残して皮をむき、8等分のくし形切りにする。セロリは5cm長さの棒状に切る。
3 1に2を加え、空気を抜いて袋の口を閉じ。冷蔵庫で3〜4時間から半日ほど漬ける。

冷蔵で
4日

漬け汁は、冷めてから保存袋へ。

Part 5 ねかせておいしい、ピクルス・漬け物

冷蔵で 3日

ヨーグルトみそ漬け

材料（作りやすい分量）
ごぼう1/6本（30g）　にんじん小1/4本（30g）　ゴーヤー1/6本（50g）
A［みそ80g　プレーンヨーグルト50g］
※きゅうり、大根、かぶ、なす、パプリカなども合う。野菜の量は合計100gが目安。

作り方
1. ごぼうは皮をこそげて2〜3mm厚さの斜め切りに、にんじんは5mm厚さの輪切りにする。ゴーヤーは縦半分に切って種とわたをとり、7〜8mm厚さに切る。Aはまぜ合わせる。
2. 保存容器にAの半量を入れてキッチンペーパーを敷き、1を広げ入れる。キッチンペーパーをかぶせ、残りのAを入れて平らにならし、冷蔵庫で一晩漬ける。

※保存するときは毎日、出てきた水分を捨て、キッチンペーパーを新しいものにかえる。

ダブル発酵食で漬けたみそ漬けはマイルドな味わい。

マスタードピクルス

材料（作りやすい分量）
玉ねぎ1/4個　パプリカ（黄）1/2個　ズッキーニ1/3本
A［酢大さじ3　熱湯大さじ1 1/2　砂糖、粒マスタード各大さじ1　塩小さじ1/2］
※セロリ、にんじん、かぶ、きゅうり、大根なども合う。野菜の量は合計150gが目安。

作り方
1. Aはまぜ合わせ、冷めたらファスナーつき保存袋に入れる。
2. 玉ねぎ、パプリカは一口大に切り、ズッキーニは6〜7mm厚さの輪切りにする。
3. 1に2を加え、空気を抜いて袋の口を閉じる。冷蔵庫で一晩漬ける。（すべて市瀬）

冷蔵で 4日

一晩漬けるだけで、しっとりとしたピクルスに。

Column 5

冷凍作りおきサラダを
おいしく解凍するコツ

本書には、Part6をはじめとする、「冷凍もできるサラダ」がいっぱい。
失敗なくおいしく解凍するコツをご紹介します。

❶ 基本は冷蔵室解凍が◎

冷蔵室で時間をかけて解凍するのが、食材のいい状態を保てるのでおすすめ。食材の種類、季節などを問わないので、いちばん確実です。料理によりますが、解凍には10時間〜半日ほどかかるので、食事時間から逆算して冷凍室から冷蔵室に移動させます。

❷ 早く解凍したいときは常温におくか、水をあてて

常温で解凍する場合は、容器に水滴がつくのでバットやふきんなどにのせても。日の当たらない場所で解凍しましょう。傷みやすい魚介類やなま物はNG。梅雨どきや暑い季節は避けましょう。水につけるときは、料理に水が入らないよう保存袋がおすすめ。

❸ ホットサラダはレンジ加熱でおいしく！

すぐ使いたいときは電子レンジの解凍モード、ホットサラダとして食べたい料理はレンジ加熱しましょう。レンジ解凍は傷みやすい野菜もあるので、解凍を通り越して加熱しないようかげんして。アルミカップやレンジ不可の容器に入れていないかも要注意。

❹ 解凍後に水っぽくなったら、調味料で味の微調整を

解凍時に水けが出て、味がぼやけてしまったと感じたら、塩、こしょう、しょうゆなどそのレシピで使った調味料を足しながら、微調整しましょう。必ず味をみながらかげんして。ハーブや香辛料などを振りかけてアレンジを楽しむのもおすすめです。

Part 6

冷凍もできる、
長く楽しむサラダ

冷蔵庫に保存したサラダを何日か楽しめるのは
うれしいもの。今回はさらに、冷凍することで
保存期間をより長く、おいしさそのままに
味わえるサラダを厳選してご提案します。

サラダを作りおきできるうえ、長期の保存も可能!?
冷凍できる作りおきサラダのコツ7

作りおきサラダは冷蔵室に保存するのが一般的ですが、冷凍もできるんです!
長期保存が可能な冷凍のポイントを押さえましょう。

コツ1
冷凍しても食感のあまり変わらない野菜を選ぶ

冷凍すると食感が変わる野菜があるので、食材選びも重要なポイント。レタスやきゅうりなどの生野菜は、そのままの冷凍はNG。きのこやブロッコリー、にんじんなどは、冷凍しても食感が比較的変わりにくい野菜です。

ブロッコリーは
かためにゆでる

にんじんの
せん切りを塩もみ

コツ2
野菜は生のままより、ゆでる、いためる、塩でもむなどひと手間加えて

野菜はそのまま保存袋に入れて冷凍でOK、と思っていませんか? 野菜の食感をキープするためには、ゆでる、いためる、塩でもむなどひと手間加えて冷凍するのがポイント。解凍後もおいしく食べられます。

コツ3
加熱したあとは必ずあら熱をとって霜つきを防ぐ

ゆでる、いためるなどの加熱調理をしたあとは必ず、あら熱をしっかりとって冷ますことがたいせつ。あたたかいまま保存容器に入れてふたをし、冷凍室に入れると、急速な冷却によりふたの内側に水滴がつき、霜つきの原因に。

バットに広げて

急いで冷ますテクは
保冷剤!

Part 6 | 冷凍もできる 作りおきサラダ

コツ4
じゃがいもやかぼちゃは マッシュしておいしく冷凍

じゃがいもやかぼちゃは、生のまま冷凍すると、細胞が壊れてスカスカの状態に。ゆでてマッシュしてから冷凍を。特にじゃがいもは、ゆでたままより、マッシュして冷凍するほうが、食感とおいしさをキープできます。

かぼちゃは マッシュして

ポテトサラダ P.10)は冷凍向き

サラダは ドレッシングで あえる

オイルコーティングで 冷凍やけなし！

コツ5
調味料とオイルであえて 表面をコーティングすると、 冷凍やけを防げる

生のままの冷凍はNGですが、調味料やオイルであえると、冷凍してもおいしさを保つことができます。冷凍用保存袋に入れるときも、ドレッシングやマリネ液を多めに入れるのが◎。オイルコーティングで野菜の劣化防止に。

コツ6
冷凍用保存袋に入れるか 落としラップをして冷凍を

おいしい冷凍のコツとして、空気にふれさせないことも重要です。空気にふれると、野菜の細胞が乾燥したり、酸化するため劣化しやすくなってしまいます。冷凍用保存袋に入れて空気を抜くか、落としラップをして空気の遮断を。

レンジ解凍は シリコン製で

平らにして 空気を抜いて！

落としラップ で乾燥防止

コツ7
冷凍の際はアルミカップなどで 小分けにすると便利

冷凍で意外と困るのが、食べたい分だけ解凍できない、ということ。あらかじめ小分けにしてアルミカップやシリコンカップに入れて冷凍を。ラップをして保存容器に入れます。おべんとう箱にもそのまま入れられて自然解凍できます。

159

冷蔵で
3日

冷凍で
2週間

Part 6 | 冷凍もできる、長く楽しむサラダ

きのこのビネガーマリネ

材料（作りやすい分量）
しめじ、エリンギ … 各1パック
しいたけ … 4個
パプリカ（赤） … ¼個
にんにく … 1かけ
赤とうがらし … 1本
パセリのみじん切り … 小さじ1
塩 … 小さじ⅔
こしょう … 少々
白ワインビネガー … 大さじ1
オリーブ油 … 大さじ2

作り方
1 しめじはほぐし、エリンギ、しいたけは薄切りにする。にんにくはみじん切り、パプリカは5mm角に切る。
2 フライパンにオリーブ油、にんにく、赤とうがらしを入れて熱し、香りが立ったらきのこを加えていためる。しんなりしてきたらパプリカを加える。
3 火を止め、塩、こしょう、パセリ、ワインビネガーを加える。（牛尾）

冷凍して食べるときは
あら熱がとれたら、カップなどに小分けにしてから保存容器に入れて冷凍すると、食べる分だけ解凍できて便利です。自然解凍またはレンジ解凍して（アルミカップに入れた場合はNG）。

たっぷりのきのこに、にんにくと赤とうがらしがきいて、箸が進む一品。

にんじんとくるみのハニーラペ

材料（作りやすい分量）
にんじん…200g　くるみ…50g
A｜オリーブ油…大さじ1
　｜白ワインビネガー、はちみつ、
　｜パセリのみじん切り
　｜　…各小さじ2
　｜粒マスタード…小さじ2
　｜塩、こしょう…各少々
塩…小さじ1

作り方
1 にんじんは細切りにし、塩を振って軽くもみ、しんなりしたら水けをしぼる。くるみはあらめに砕く。
2 ボウルに1を入れ、Aを加えてあえる。（牛尾）

冷凍して食べるときは
冷凍室から冷蔵室に移し、解凍して食べて。氷水を張ったボウルの中に入れて解凍してもOK。その際は、しっかり密閉した状態を確認してから氷水につけましょう。

はちみつのやさしい
甘さとマスタードの
風味がマッチ。

冷蔵で 3-4日
冷凍で 2週間

Part 6 冷凍もできる、長く楽しむサラダ

切り干し大根の甘酢サラダ

材料（作りやすい分量）
切り干し大根 … 40g
刻みこぶ … 10g
さやいんげん … 10本
A ┌ 酢 … 大さじ1½
　├ しょうゆ … 大さじ½
　├ サラダ油 … 大さじ1
　└ 砂糖 … 小さじ1

作り方
1 切り干し大根、刻みこぶは水につけてもどし、ざく切りにして熱湯でさっとゆでる。あら熱がとれたら水けをしぼる。いんげんは塩を加えた湯でゆで、斜め切りにする。
2 ボウルに1を入れ、Aであえる。
（牛尾）

冷凍して食べるときは
冷蔵室に移して解凍するのが◎。食べるときは、一度全体をさっとまぜ合わせると、味のムラがなくなってよりおいしくなります。切り干し大根に味がよくしみて美味。

切り干し大根と刻みこぶのうまみが、かむたびにおいしい！

冷蔵で
3-4日

冷凍で
2週間

冷蔵で **4**日

冷凍で **2**週間

さゝ身、豆、ひじきのわさびじょうゆオイル

材料（作りやすい分量）
鶏ささ身 … 3本
芽ひじき（乾燥）… 10g
枝豆 … さやから出して100g
玉ねぎ … 1/4個
大豆（水煮）… 50g
A ┃ オリーブ油 … 大さじ1
　┃ しょうゆ … 小さじ1
　┃ 酢 … 小さじ2
　┃ ねりわさび、塩 … 各小さじ1/2
　┃ こしょう … 少々

作り方
1 ささ身は筋をとり除き、熱湯で5分ほどゆで、冷めたらほぐす。ひじきは水につけてもどし、熱湯でさっとゆでてざるに上げ、冷めたら水けをしぼる。枝豆は熱湯で3分ほどゆでてざるに上げ、冷めたらさやから出す。玉ねぎはみじん切りにする。
2 ボウルに1、大豆を入れ、Aであえる。（牛尾）

冷凍して食べるときは
冷凍室から冷蔵室に移して解凍を。または、しっかりと密閉していることを確認し、氷水を張ったボウルにつけて解凍してもOK。ささ身が入って食べごたえのあるサラダです。

わさびじょうゆ味で
ごはんにも合います。

Part 6 冷凍もできる、長く楽しむサラダ

オクラと山いもの
ねばねば梅肉ばくだん

材料（作りやすい分量）
オクラ … 10本
山いも … 150g
梅干し … 2個（梅肉で40g）
削り節 … 5g
しょうゆ … 小さじ1
ごま油 … 大さじ1

作り方
1 オクラは塩適量を振って板ずりし、熱湯で30秒ほどゆでてざるに上げる。あら熱がとれたら小口切りにする。
2 山いもは細切りにする。梅干しは種を除いて包丁でたたく。
3 ボウルに1、2、削り節を入れ、しょうゆ、ごま油を加えてあえる。（牛尾）

ねばねば＆梅干しの酸味で、食欲のない日も食べやすい。

冷凍して食べるときは
冷蔵室から冷凍室に移す、または、氷水を張ったボウルにつけて解凍を。半解凍くらいがシャキシャキ感を味わえて美味。保存する際は食べる分ずつ小分けにしても。

冷蔵で
3-4日

冷凍で
2週間

かぼちゃとナッツのシナモン風味デリサラダ

材料（作りやすい分量）
かぼちゃ … 400g
スライスアーモンド … 40g
塩 … 小さじ½
こしょう … 少々
A ┃ プレーンヨーグルト … 大さじ4
　┃ はちみつ … 小さじ2
　┃ シナモンパウダー … 小さじ½

作り方
1 かぼちゃは一口大に切って耐熱皿にのせ、ラップをかけて電子レンジで6分加熱する。熱いうちにつぶし、塩、こしょうを加えてまぜる。
2 あら熱がとれたら、アーモンド、Aを加えてまぜる。（牛尾）

冷凍して食べるときは
冷蔵室から冷凍室に移す、または、氷水を張ったボウルにつけて解凍を。急いでいるときは流水解凍、または電子レンジ加熱でホクホク感を味わって。

シナモンの風味が美味。パンにもよく合う一品。

冷蔵で 3日

冷凍で 2週間

Part 6 冷凍もできる、長く楽しむサラダ

ピーマンとコーンのツナサラダ

材料（作りやすい分量）
ピーマン … 5個
粒コーン … 40g
ツナ缶 … 小1缶
A │ ごま油、しょうゆ … 各小さじ2
　│ 酢、いり白ごま … 各小さじ1

作り方
1 ピーマンは縦半分に切って種とへたを除き、繊維に沿って5mm幅に切る。熱湯にさっとくぐらせ、ざるに上げて冷ます。
2 ボウルにピーマン、汁けをきったコーン、ツナを入れ、Aを加えてあえる。（牛尾）

冷凍して食べるときは
冷蔵室から冷凍室に移す、または、氷水を張ったボウルにつけて解凍を。直接電子レンジで加熱してホットサラダにするのもおすすめ。ごはんにまぜてもおいしい。

ごま油としょうゆで和風味に。ごはんの友としても◎。

冷蔵で3日
冷凍で2週間

冷蔵で **3日**

冷凍で **2週間**

アスパラガスとサーモンのマリネ

材料（作りやすい分量）
グリーンアスパラガス … 8本
スモークサーモン … 50g
玉ねぎ … 1/6個
ブラックオリーブの輪切り … 20g
A | オリーブ油 … 大さじ1
　 | レモン汁 … 小さじ2
　 | 塩 … 小さじ1/2
　 | こしょう … 少々

作り方
1 アスパラは筋とはかまをとり除いて斜め切りにし、熱湯でさっとゆで、ざるに上げてそのまま冷まず。玉ねぎはみじん切りにする。サーモンは食べやすい大きさにちぎる。
2 ボウルに1、オリーブを入れ、Aを加えてあえる。（牛尾）

冷凍して食べるときは
食べるときは自然解凍で。オリーブ油、レモン汁、塩、こしょうのシンプルな味つけが、サーモンのうまみによく合う、さわやかな一品です。そのまま器に盛るだけでOK。

彩りのきれいなマリネです。バゲットを添えても。

Part 6 冷凍もできる、長く楽しむサラダ

アボカドのディップ

材料（作りやすい分量）
アボカド … 大2個
玉ねぎ … ¼個
レモン汁 … 大さじ1
マヨネーズ … 大さじ2
塩 … 小さじ⅔
こしょう … 少々

作り方
1 玉ねぎはみじん切りにし、水にさらして水けをしぼる。アボカドは種と皮を除いてつぶし、レモン汁を加えてまぜる。
2 ボウルに1を入れ、マヨネーズ、塩、こしょうを加えてあえる。（牛尾）

冷凍して食べるときは
2等分ほどにして保存するのがおすすめ。ラップを広げ、ぴっちりと包むこと。または保存袋を使って空気にふれる部分を少なくすると鮮度が保てます。食べるときは自然解凍で。レンジ解凍は避けて。

冷蔵で 1〜2日
冷凍で 2週間

ブロッコリーの和サラダ

材料（作りやすい分量）
ブロッコリー … 1個（300g）
A │ さくらえび … 10g
　│ すり白ごま … 小さじ2
　│ ごま油 … 大さじ1½
　│ 酢 … 小さじ2
　│ しょうゆ … 小さじ2

作り方
1 ブロッコリーは小房に分け、大きければさらに半分に切る。塩（分量外）を加えた熱湯で1分30秒〜2分ゆで、ざるに上げてそのまま冷ます。
2 ボウルに1、Aを入れ、まぜ合わせる。（牛尾）

冷凍して食べるときは
食べるときは冷凍室から冷蔵室に移して解凍させて。または、しっかりと密閉し、氷水を張ったボウルにつけて解凍してもOK。食べるときは全体をさっとまぜると◎。

さくらえびとごま、酢じょうゆが、ブロッコリーとマッチ。

冷蔵で3日
冷凍で2週間

Part 6 冷凍もできる、長く楽しむサラダ

きのことチキンのクリームペンネサラダ

材料（4人分）
ペンネ … 240g
しいたけ … 4個
鶏もも肉 … 200g
玉ねぎ … 1/2個
にんにくのみじん切り … 小2かけ分
小麦粉 … 大さじ2
牛乳 … 2カップ
粉チーズ … 大さじ4
塩、こしょう … 各少々
オリーブ油、バター … 各大さじ2

作り方
1. 鶏肉は一口大のそぎ切りにする。玉ねぎとしいたけは薄切りにする。
2. ペンネは塩を加えた湯で表示時間どおりにゆでる。
3. フライパンにオリーブ油、バター、にんにく、玉ねぎ、しいたけを入れて弱火でいためる。にんにくの香りが立ったら鶏肉を加えて中火でいため、小麦粉を振り入れ、全体になじむまでいためる。
4. 牛乳を少しずつ加えてまぜる。とろみがついたら粉チーズを加え、塩、こしょうで味をととのえ、2を加えてあえる。食べるときに好みであらびき黒こしょうを振る。
（牧野）

冷凍して食べるときは
レンジ解凍、または冷蔵室で自然解凍し、レンジであたためて。好みで、ややアルデンテにゆでると解凍時にやわらかくなりすぎません。1食分ずつ容器に入れると使いやすい。

冷蔵で 2-3日
冷凍で 2-3週間

彩り野菜の揚げびたし

材料（4人分）
- なす … 1個
- れんこん … ½節
- エリンギ … 1本
- グリーンアスパラガス … 3本
- パプリカ（赤、黄）… 各½個
- A
  - だし … 2カップ
  - 酒 … 大さじ4
  - しょうゆ、砂糖 … 各大さじ2
  - しょうがのすりおろし … 小さじ½
  - 赤とうがらし … 1本
- 揚げ油 … 適量

作り方
1. なすとれんこんは乱切りにする。エリンギは縦2～4等分に切る。アスパラははかまをとり、ピーラーで根元のかたい部分をむいて長さを半分に切る。パプリカはへたと種をとって乱切りにする。
2. なべにAを入れてひと煮立ちさせ、あら熱をとる。
3. 170度に熱した揚げ油で1を素揚げにし、熱いうちに2につける。
（牛尾）

冷凍して食べるときは
冷蔵室または室温で自然解凍します。急ぐときは流水解凍またはレンジ解凍を使っても。よく味がしみておいしい。彩り豊かな野菜がたっぷりで、食卓が一気に明るくなります。

冷蔵で **3-4日**
冷凍で **2週間**

Part 6 冷凍もできる、長く楽しむサラダ

くたくたラタトゥイユ

材料（作りやすい分量・約700g分）
- なす … 3個
- パプリカ（赤、黄）… 各½個
- セロリ … ½本
- 玉ねぎ … 小1個
- マッシュルーム … 4個
- にんにくのみじん切り … 小1かけ分
- A
  - トマト缶（ホール）… ½缶（200g）
  - ローリエ … 1枚
  - 塩 … 小さじ1
- 塩、こしょう … 各少々
- オリーブ油 … 大さじ1

作り方
1. なす、パプリカ、セロリは小さめの乱切りにする。玉ねぎはあらみじんに切る。マッシュルームは石づきを落とし、四つ割りにする。
2. なべにオリーブ油、にんにく、玉ねぎを入れて弱火にかけ、にんにくが色づき、玉ねぎがしんなりとするまでいためる。なす、パプリカ、セロリ、マッシュルームを加え、全体がしんなりするまで中火でいためる。
3. Aを加え、トマトをつぶしながら野菜がくたくたになるまで煮る。塩、こしょうで味をととのえる。（牧野）

冷凍して食べるときは
あら熱がとれたらファスナーつき保存袋に入れて冷凍します。カップなどに小分けにして保存容器に入れても。自然解凍またはレンジ解凍し、レンジであたため直しても美味。

冷蔵で 6日

冷凍で 3-4週間

ごぼうのごま油きんぴら

材料（4人分）
ごぼう … 1本
にんじん … ½本
赤とうがらしの小口切り
　… ひとつまみ
しょうゆ、みりん … 各大さじ2
ごま油 … 小さじ2
いり白ごま … 適量

作り方
1 ごぼうは皮をこそげて細切りにし、にんじんは細切りにする。
2 フライパンにごま油を熱し、赤とうがらしと1をいためる。全体に油が回ったらしょうゆ、みりんを加え、いためながらからめる。食べるときにごまを振る。(牛尾)

冷凍して食べるときは
冷凍室から冷蔵室に移して解凍して食べて。または、しっかりと密閉していることを確認し、氷水を張ったボウルにつけても。急いでいるときは電子レンジ加熱が◎。

冷蔵で **3日**

冷凍で **2週間**

Part 6 冷凍もできる、長く楽しむサラダ

ひじきとベーコンのいためサラダ

材料（作りやすい分量・約700g分）
- ひじき（乾燥）… 30g
- ベーコン … 4枚
- 粒コーン … 40g
- ピーマン … 2個
- サラダ油 … 小さじ2
- A | だし … ¾カップ
    | しょうゆ、みりん … 各大さじ1½
    | 砂糖 … 大さじ1

作り方
1. ひじきは洗って水にひたし、やわらかくもどして水けをきる。
2. ベーコンは1.5cm幅に切り、ピーマンはへたと種をとって1.5cm角に切る。
3. なべにサラダ油を中火で熱してベーコンをいため、ひじきを加えてさらにいためる。
4. Aを加えて5分ほど煮、煮汁が半分程度に煮詰まってきたら、コーン、ピーマンを加えてまぜる。(牛尾)

冷凍して食べるときは
そのまま保存容器に入れて冷凍してもいいですが、食べる分ずつ小分けにして冷凍しておくとおべんとうにも使えます。冷凍庫から冷凍室に移すか、密閉させて氷水につけて解凍を。

冷蔵で **3日**

冷凍で **2週間**

Column 6

お気に入りの保存容器
― 保存びん編 ―

保存にはガラスジャーやびんも大活躍。見た目にもおしゃれで中身が見えるうえ、密閉性も高く、実用的です。

ふたがスクリューで密閉度の高いガラスジャー

ふたがスクリューになっていて密閉性が高いガラスジャーは、マリネやピクルスなどの保存に最適。ときどきまぜながら保存したい料理も、上下を返しても大丈夫なガラスジャーなら便利です。高さや大きさもさまざまなので、料理によって使い分けて。

密閉度が高く、小さめサイズのガラスジャー

小さめのものは、ドレッシングやたれ、ソースの作りおきに最適。材料を入れてシェイクできるので、調理も保存も一石二鳥。分離した場合も、使う直前にまた振ればOK。ジャムなどのあきびんを清潔に消毒して使っても。

ゴムパッキンつきで、密閉度が高くたっぷり入るガラスジャー

口の部分にゴムパッキンがついているガラスジャーや保存容器は、密閉度が高いのでマリネやピクルス、漬け物はもちろん、長期保存したい保存食のようなものにも向きます。

ドレッシングにぴったり！

マリネ、漬け物や保存食に

ガラスは丈夫で劣化しにくいので、大きめサイズのものを選べば長期保存を楽しめます。使う前に、必ず煮沸消毒をして清潔に使用しましょう。

Part 7

たれ・ソースの
作りおきで
いつでもサラダ

たれやソース、ドレッシングを作りおきすれば、
フレッシュ野菜はいつでもサラダとして楽しめます。
いわば、逆転の発想。ドレッシングやたれは、
自家製が安心。カラダにやさしく、絶品です。

自家製ドレッシングさえあれば
いつでもサラダ

自家製ドレッシングこそ、作りおきしておけば、いつでもサラダが楽しめます。調味料もオイルも好みの量にかげんできるからヘルシーです。

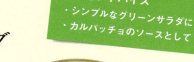

グリーンサラダ

作り方
くるみ適量はフライパンでからいりし、少し焼き色がついてきたら薄切りにする。ベビーリーフミックスなど適量とくるみをまぜ、食べるときにドレッシングをかける。

食べ方アドバイス
・シンプルなグリーンサラダに
・カルパッチョのソースとして

自家製ドレッシング
ー塩レモンー

材料（作りやすい分量）
レモン（あれば無農薬）の皮のすりおろし
　…1個分
レモン汁…3〜4個分（約¾カップ）
塩…小さじ⅔
こしょう…少々
はちみつ…大さじ1
オリーブ油…大さじ2

作り方
すべての材料をまぜ合わせる。（夏梅）

冷蔵で7日

Part 7 たれ・ソースの作りおきでいつでもサラダ

ドレッシングのバリエーション

ナンプラーの風味とピリ辛がマヨとマッチ
エスニックチリマヨ

材料（作りやすい分量）と作り方
マヨネーズ1/2カップ、豆板醤小さじ1/2、にんにくのみじん切り少々、ごま油小さじ2、ナンプラー小さじ1をまぜ合わせる。（岩崎）

冷蔵で 6〜7日

ねぎと削り節のうまみを油に移して
和風ねぎオイル

材料（作りやすい分量）と作り方
ボウルに塩小さじ1/4、サラダ油3/4カップを入れてまぜ、ねぎのみじん切り1/2本分、しょうがのすりおろし1/2かけ分、削り節1袋（4g）を加えてさらにまぜ合わせる（密閉性の高い保存びんに入れて振って作ってもラク）。（岩崎）

冷蔵で 6〜7日

パクチー好きにはたまらない
パクチードレッシング

材料（作りやすい分量）と作り方
香菜のみじん切り50g、万能ねぎの小口切り2本分、にんにくのみじん切り1/4かけ分、赤とうがらしの小口切り1/2本分、ごま油大さじ2、サラダ油大さじ3、ナンプラー小さじ2、塩小さじ1/4、こしょう少々をまぜ合わせる。（岩崎）

スパイシー＆クリーミー
タンドリーマヨネーズ

材料（作りやすい分量）と作り方
マヨネーズ1/2カップ、プレーンヨーグルト1/4カップ、カレー粉小さじ2、しょうがのみじん切り1/2かけ分、にんにくのみじん切り少々、クミン（ホール・あらく刻む）少々、塩小さじ1/6をまぜ合わせる。（岩崎）

冷蔵で 3日　冷凍で 2週間

キムチとごま油の相性は抜群
韓国だれ

材料（作りやすい分量）と作り方
にんにくのみじん切り1/4かけ分、にらのあらいみじん切り20g、白菜キムチのあらいみじん切り40g、いり白ごま小さじ1、しょうゆ1/2カップ、ごま油大さじ2をまぜ合わせる。（岩崎）

冷蔵で 4〜5日

冷蔵で 6〜7日

冷蔵で10日

ねりごまのコクと豆板醤の辛さがやみつき！

食べ方アドバイス
・とうふにかけて
・えびなどの魚介をあえて

バンバンジーだれ

材料（作りやすい分量）
にんにくのみじん切り … 1かけ分
しょうがのみじん切り … 20g
ねぎのみじん切り … 50g
ねり白ごま … 大さじ6
豆板醤 … 小さじ2
酢、しょうゆ、砂糖、熱湯 … 各大さじ2
鶏ガラスープのもと … 大さじ1

作り方
すべての材料をまぜ合わせる。（夏梅）

作りおきのコツ
薬味がたっぷり入ったバンバンジーだれは、中華はもちろん、エスニック、和風など幅広く使えます。作りおきしたら、しっかりまぜてから使いましょう。

Part 7 たれ・ソースの作りおきでいつでもサラダ

バンバンジーサラダ

材料（2人分）
鶏胸肉 … 1枚
きゅうり … 1本
A｜しょうがの皮、ねぎの葉先 … 各少々
バンバンジーだれ … 大さじ4

作り方
1. なべに鶏肉、A、かぶるくらいの水を入れて火にかけ、煮立ったら弱火にする。ふたをして10分ほどゆで、鶏肉の上下を返してさらに5分ほどゆでる。火を止め、そのままゆで汁の中で冷まし、食べやすい大きさに裂く。
2. きゅうりは斜め薄切りにしてから、せん切りにする。
3. 1、2を合わせてバンバンジーだれ大さじ3であえて器に盛り、残りのバンバンジーだれをかける。

厚揚げとなすのパクチーサラダ

材料（2人分）
厚揚げ … 1枚
なす … 2個
香菜 … 1株
サラダ油 … 大さじ2½
バンバンジーだれ … 大さじ3～4

作り方
1. なすは縦4等分に切り、切り目を3本ずつ入れてさっと洗い、水けをふく。香菜はざく切りにする。
2. フライパンにサラダ油大さじ2を熱し、なすをいためてとり出す。残りの油で厚揚げの表面を焼き、6～7mm厚さに切る。
3. 器に2を盛り、バンバンジーだれをかけて香菜を散らす。（ともに夏梅）

冷蔵で 5日

かけるだけでエスニック料理に！

食べ方アドバイス
・蒸し鶏サラダのドレッシングに
・いため野菜に加えて

タイ風だれ

材料（作りやすい分量）
にんにくのあらいみじん切り … 5かけ分
A | ナンプラー … ½カップ
  | レモン汁（またはライム汁）… 3個分
  | 赤とうがらし（小口切り）… 少量
  | きび砂糖 … 大さじ3（または砂糖大さじ2）
サラダ油 … 大さじ5

作り方
1 にんにくはサラダ油を引いたフライパンで薄いきつね色になるまでいためる。
2 1とAをまぜ合わせる。（夏梅）

作りおきのコツ
にんにくたっぷりで、食欲をそそり、ナンプラーの香りとレモン汁の酸味がおいしいタイ風だれ。作りおきするときは、深さがあるびんなどに入れるのがおすすめです。

Part 7 たれ・ソースの作りおきでいつでもサラダ

タイ風豚しゃぶサラダ

材料（2人分）
豚肉（しゃぶしゃぶ用）… 200g
グレープフルーツ … 1個
赤玉ねぎ … ½個
きゅうり … 2本
香菜 … 1株
塩 … 少々
タイ風だれ … 大さじ3～4

作り方
1 豚肉はゆでてざるに上げる。
2 グレープフルーツは皮をむいて薄皮と種をとり除く。赤玉ねぎは薄切りにする。きゅうりはピーラーで皮をむいて小口切りにし、塩を振ってしんなりしたら、もんで手早く洗い、水けをしっかりしぼる。香菜は1cm長さに切る。
3 ボウルに1、2を入れ、タイ風だれを加えてあえる。

ヤムウンセン

材料（2人分）
えび … 200g
はるさめ … 50g
きゅうり … 2本
ミニトマト … 200g
赤玉ねぎ … ½個
香菜 … 1株
塩 … 少々
タイ風だれ … 大さじ3～4

作り方
1 えびは背わたを竹ぐしなどでとり、酢少々を加えた熱湯で1分ほどゆで、そのまま湯の中で冷まし、殻をとり除く。
2 はるさめは湯でもどしてざるに上げ、食べやすい長さに切る。
3 きゅうりは薄い小口切りにして塩を振り、しんなりしたらもんで水を2～3回かえ、かたくしぼる。ミニトマトは4等分に切る。赤玉ねぎは薄切りにし、香菜は1cm長さに切る。
4 ボウルに1、2、3を入れ、タイ風だれを加えてあえる。（ともに夏梅）

冷蔵で 1-2日

冷蔵で
10日

甘ずっぱい辛さで
野菜がおいしくなる！

食べ方アドバイス
・白菜、きゅうりや大根を漬けて
・サンチュのつけだれに

ヤンニョム

材料（作りやすい分量）
A｜にんにく…1かけ
　｜しょうが…20g
　｜りんご…½個
B｜コチュジャン、ナンプラー…各大さじ3
　｜はちみつ…大さじ1
　｜ごま油…大さじ2

作り方
1 Aはすりおろす。
2 1とBをまぜ合わせる。（夏梅）

作りおきのコツ
にんにく、しょうが、りんごのすりおろしが入っているから、よくまぜて使いましょう。作りおきするときは、においが残りにくいガラス製のびんが◎。

> Part 7 たれ・ソースの作りおきでいつでもサラダ

韓国風とうふサラダ

材料（2人分）
絹ごしどうふ … 1丁
サニーレタス … 2枚
きゅうり … 1本
ねぎ … 3cm
ヤンニョム … 大さじ3〜4

作り方
1 サニーレタスは食べやすい大きさにちぎり、きゅうりは縦半分に切ってから斜め薄切りにする。ねぎは外側の白い部分をせん切りにしてしらがねぎにする。
2 とうふを一口大に切り、サニーレタスを敷いた器に盛り、きゅうり、ねぎをのせてヤンニョムをかける。

焼き肉サラダ

材料（2人分）
牛肉（焼き肉用）… 200g
しめじ … 100g
ねぎ … 1本
ヤンニョム … 大さじ3〜4
サラダ油 … 大さじ1
レタス … 5〜6枚
えごまの葉 … 10枚

作り方
1 しめじは根元を少し切り落とし、小房に分ける。ねぎは1cm厚さの斜め切りにする。
2 フライパンにサラダ油を熱し、牛肉、1を焼き、ヤンニョムをからめて火を通す。
3 器に盛り、少し大きめにちぎったレタスとえごまの葉を添える。生野菜で巻いて食べても。（ともに夏梅）

ナムルだれ

材料（作りやすい分量）
すり白ごま … 100g
A ┃ 塩 … 小さじ1
  ┃ 鶏ガラスープのもと … 大さじ1
  ┃ ごま油 … 大さじ6
  ┃ 一味とうがらし … 大さじ½

作り方
ボウルにすり白ごまを入れ、Aを加えてよくまぜる。

すりごまたっぷりで野菜によく合う！

冷蔵で **7日**

作りおきのコツ
水分が少なく、保存のきくたれです。たっぷり入ったごまの風味が広がり、どんな野菜にも合うのがうれしい。切った野菜でパパっと作れるから、とっても簡単です。

食べ方アドバイス
・きゅうり、トマト、パプリカのナムルにも
・レタスにかけて簡単チョレギサラダに

5色ナムル

材料（4～5人分）
にんじん … 1本
豆もやし … 1袋（200g）
ぜんまい（水煮）… 80g
ほうれんそう … 200g
なす … 2個
ごま油 … 大さじ6
ナムルだれ … 大さじ6

作り方
1 にんじんは斜め薄切りにしてから、せん切りにする。ごま油大さじ1を熱したフライパンでしんなりするまで3～4分いためる。
2 豆もやしはできれば根をつみとり、ごま油大さじ1を熱したフライパンで2～3分いためる。
3 ぜんまいは食べやすい長さに切り、さっと下ゆでして湯を捨て、なべに戻す。ごま油大さじ1を加えて中火で2～3分いためる。
4 ほうれんそうは塩少々を加えた熱湯でゆでて水にとり、3cm長さに切り、しっかりと水けをしぼる。ごま油大さじ1を熱したフライパンで1～2分いためる。
5 なすは縦4等分に切り、さらに2～3等分に切ってさっと水で洗い、水けをふく。ごま油大さじ2を熱したフライパンで3～4分いためる。
6 1～5のそれぞれにナムルだれを大さじ1～2ずつからめる。（夏梅）

Part 7 | たれ・ソースの作りおきでいつでもサラダ

冷蔵で 5日

さしみこんにゃくやゆで野菜にかけるだけ。

食べ方アドバイス
・好みのゆで野菜にかけて
・きのこをあえて

酢みそ

材料（作りやすい分量）
A｜砂糖 … 大さじ1
　｜西京みそ … 120g
　｜みりん … 大さじ3
酢 … 大さじ2
ねりがらし … 小さじ1

作り方
小なべにAを入れて弱火にかけ、まぜながら煮立てて火を止める。酢、ねりがらしを加えてまぜる。（夏梅）

作りおきのコツ
においが残りにくいガラス製のびんなどで保存するのがおすすめ。甘辛い酢みそは、定番のさしみこんにゃく以外にも、野菜や海藻などとの相性も抜群。

Part 7 たれ・ソースの作りおきでいつでもサラダ

うどとわけぎのぬた

材料（4人分）
うど … 1本
わけぎ … 1束（130g）
わかめ（塩蔵）… 10g
酢みそ … 大さじ4

作り方
1 うどは4cm長さに切って厚めに皮をむき、縦半分に切って薄切りにする。酢少々を加えた水に5分ほどさらし、水けをふく。わかめはたっぷりの水につけて塩抜きし、熱湯にさっとつけて水にとり、水けをしっかりとしぼり、一口大に切る。わけぎは長さを半分に切り、熱湯でゆでて水につけ、しごいてぬめりをとり、3cm長さに切る。
2 1を酢みそであえる。

さしみこんにゃく

材料（2人分）
さしみこんにゃく（2色）… 合わせて120g
青じそ … 5枚
大根 … 100g
ミニトマト … 2〜3個
酢みそ … 大さじ3　　塩 … 少々

作り方
1 さしみこんにゃくは薄切りにする。青じそは縦半分に切ってから、せん切りにする。大根はせん切りにし、塩を振ってしんなりしたら、もんで手早く洗って水けをしっかりとしぼる。ミニトマトはへたをとり除き、ざく切りにする。
2 器に盛り、酢みそを添える。（ともに夏梅）

冷蔵で 10日

黒ごまのコクと香りが絶品のあえ衣。

ごまあえ衣

食べ方アドバイス
- 白ごまで作っても◎
- 蒸し鶏のごまあえに

材料（作りやすい分量）
いり黒ごま（またはすり黒ごま）… 100g
A│砂糖 … 大さじ4
　│しょうゆ … 大さじ2

作り方
いり黒ごまはすり鉢などですり、Aを加えてまぜる。すり黒ごまの場合はそのまままぜる。（夏梅）

作りおきのコツ
すった黒ごまと砂糖としょうゆをまぜ合わせただけだから、パパッと作りおきしたいときにとっても便利な衣です。保存容器は清潔で、乾いているものを使用しましょう。

Part 7 | たれ・ソースの作りおきでいつでもサラダ

いんげんのごまあえ

材料（2～3人分）
さやいんげん … 100g
ごまあえ衣 … 大さじ2～3

作り方
1 いんげんはなり口を切り落として3～4cm長さに切り、塩少々を加えた熱湯で5～6分ゆでてざるに上げる。
2 1をごまあえ衣であえる。

キャベツと春菊のごまあえ

材料（2人分）
キャベツ … 200g
春菊 … 30g
ごまあえ衣 … 大さじ1～2

作り方
1 キャベツはかたいしんをとり除き、塩少々を加えた熱湯でゆでて水にとり、4cm角に切り、水けをしっかりとしぼる。春菊はかたい茎から葉をつみとる。
2 1をごまあえ衣であえる。（ともに夏梅）

冷蔵で 5日

食べごたえ満点！
生野菜にもぴったり！

肉みそ

食べ方アドバイス
・ふろふき大根のたれに
・温やっこにのせて

材料（作りやすい分量）
豚ひき肉…300g
しょうがのせん切り…30g
ねぎのみじん切り…50g
A│ 酒…大さじ3
　│ みりん…大さじ1
　│ みそ…大さじ4
B│ かたくり粉、水…各大さじ1
サラダ油…大さじ1

作り方
1 フライパンにサラダ油を熱し、しょうがをさっといため、ひき肉を加えてほぐしながらいためる。
2 肉に火が通ったらAを加えてまぜ、2〜3分いため、まぜ合わせたBを加えてとろみをつける。最後にねぎを加えてまぜる。（夏梅）

作りおきのコツ
野菜などに添えるだけでボリュームのあるおかずになる肉みそ。保存容器に入れたら、必ずあら熱をしっかりとってからふたをして保存を。水滴がつくと傷みの原因になってしまいます。

Part 7 たれ・ソースの作りおきでいつでもサラダ

大根の肉みそサラダ

材料（2人分）
大根 … 250g
ミニトマト … 4〜5個
万能ねぎの小口切り … 1〜2本分
肉みそ … 適量
塩 … 少々
ごま油 … 大さじ½

作り方
1 大根は薄いいちょう切りにして塩を振り、しんなりしたらもんで手早く洗い、水けをしっかりとしぼる。ミニトマトはくし形に切る。
2 大根、ミニトマトをごま油であえて器に盛り、肉みそを添えて万能ねぎを振る。

温野菜の肉みそディップ

材料（2人分）
白菜 … ⅙個
チンゲンサイ … 1株
にんじん … ¼個
しいたけ … 3〜4個
里いも … 2個
肉みそ … 適量

作り方
1 白菜は1枚ずつはがし、大きいものは2〜3等分に切る。チンゲンサイも1枚ずつはがす。にんじんは6〜7mm厚さの輪切りにし、あれば抜き型で抜く。しいたけは石づきを切り落とし、半分に切る。里いもは5〜6mm厚さの半月切りにする。
2 1の野菜を順にゆでて湯をきり、器に盛る。肉みそをつけて食べる。（ともに夏梅）

冷蔵で 3日

メキシカンサラダや パスタにもたっぷりかけて！

食べ方アドバイス
・つぶしたアボカドとあえてワカモレに
・ステーキなどをマリネして

サルサソース

材料（作りやすい分量）
トマト … 大6〜7個（約1kg）
A｜にんにく … 1かけ
　｜玉ねぎ … 1/4個
　｜香菜の根 … 1〜2株分
B｜塩 … 小さじ1
　｜こしょう … 少々
　｜レモン汁 … 1個分
　｜タバスコ … 大さじ2 1/2
　｜オリーブ油 … 大さじ3

作り方
1 トマトはへたをくりぬき、熱湯にくぐらせて皮をむき、横半分に切って種をとり除く。
2 Aのにんにく、玉ねぎはすりおろし、香菜の根はみじん切りにする。
3 ボウルに1を入れ、手かフォークでざっくりとつぶし、A、Bを加えてまぜる。（夏梅）

作りおきのコツ
トマトが水分を多く含んでいるので、密閉できる保存容器に入れるのがおすすめです。においが残りにくい、ガラス製のびんに入れて保存するとよいでしょう。

Part 7 たれ・ソースの作りおきでいつでもサラダ

たことコリアンダーの メキシカンサラダ

材料（2人分）
たこ … 100g
アボカド … 1個
香菜 … 1株
レモン汁 … 1/2個分
サルサソース … 適量

作り方
1 たこは薄切りにする。アボカドは縦半分に切り、種をとってスプーンで一口大にすくいとり、レモン汁をからめる。香菜はざく切りにする。
2 たこ、アボカドをサルサソースであえ、香菜を加えてまぜる。

サルササラダパスタ

材料（1人分）
好みのショートパスタ … 60g
サルサソース … 1/3〜1/2カップ
香菜 … 適量

作り方
1 なべに湯を沸かし、パスタを袋の表示どおりにゆで、手早くざるに上げて流水にとり、水けをきる。
2 器に盛り、サルサソースをかけ、刻んだ香菜をのせる。

冷蔵で **10日**

バジルたっぷりの
コクうまさわやかソース。

食べ方アドバイス
・ボイル魚介やショートパスタをあえて
・野菜やチップスのディップに

ジェノベーゼソース

材料（作りやすい分量）
バジルの葉 … 100g
にんにくの薄切り … 大1かけ分
松の実（またはくるみ） … 40g
A｜塩 … 小さじ1
　｜こしょう … 少々
　｜アンチョビー（フィレ） … 10g
オリーブ油 … 2/3カップ

作り方
1 バジルは洗って水けをふく。
2 フードプロセッサーにバジル、にんにく、松の実、Aを入れ、かくはんしてペースト状にし、オリーブ油を少しずつ加えながらまぜ、なめらかにする。（夏梅）

作りおきのコツ
肉、魚、野菜と幅広く使えるソースです。かけたり、あえたりするだけで簡単にイタリアン。保存に水分は大敵。バジルは水で洗ったら、水けをしっかりふきとってから使いましょう。

Part 7 たれ・ソースの作りおきでいつでもサラダ

白身魚のカルパッチョ

材料（2人分）
たい（刺し身用さく）…100g
マッシュルーム…1個
ルッコラ…1〜2株
レモン汁…大さじ1/2
ジェノベーゼソース…大さじ3〜4

作り方
1 たいは薄切りにして器に並べる。
2 マッシュルームは薄切りにし、レモン汁をからめる。ルッコラは長さを2〜3等分に切る。
3 1に2を盛り合わせ、ジェノベーゼソースをかける。（夏梅）

冷蔵で **2日**

にんにくたっぷりで濃厚クリーミー！

食べ方アドバイス
・ゆでた野菜をあえてサラダに
・パンやクラッカー、ショートパスタと合わせて

チーズバーニャカウダソース

材料（作りやすい分量）
にんにく … 1個
牛乳 … 1カップ
A｜塩 … 小さじ1
　｜アンチョビー（フィレ）… 20g
　｜こしょう … 少々
B｜粉チーズ … 大さじ3
　｜生クリーム … ½カップ
オリーブ油 … ½カップ

作り方
1 にんにくは薄皮をむく。
2 小なべに牛乳、にんにくを入れて火にかけ、煮立ったら弱火にしてふたをする。やわらかくなるまで6〜7分煮て、牛乳は捨てる。
3 なべにAを加え、にんにくをつぶしながらまぜ、オリーブ油を加えて弱火で熱くなる程度にまぜながらあたためる。Bを加え、まざったら火を止める。（夏梅）

作りおきのコツ
生クリームもほかの材料といっしょに火にかけているので、保存がきくソースになります。にんにく、アンチョビー、粉チーズが入って、濃厚な味わいで野菜にぴったり。

Part 7 たれ・ソースの作りおきでいつでもサラダ

バーニャカウダボート

材料（2〜3人分）
アンディーブ … 1個
きゅうり … 1本
ミニトマト（赤、黄）… 各2〜3個
チーズバーニャカウダソース … 適量

作り方
1 アンディーブは1枚ずつはがす。きゅうりはスティック状に切り、ミニトマトは輪切りにする。
2 アンディーブにきゅうり、ミニトマトをのせて器に盛り、バーニャカウダソースをかける。

焼き野菜のあたたかいバーニャカウダサラダ

材料（2人分）
なす … 1個
ズッキーニ … 1本
パプリカ（赤）… 1個
ピーマン … 2個　　しめじ … 100g
チーズバーニャカウダソース … 適量

作り方
1 なすは1cm厚さの輪切りにし、さっと洗って水けをふく。ズッキーニは縦4等分に切り、さっと洗って水けをふく。パプリカ、ピーマンは縦4〜8等分に切り、へたと種をとる。しめじは根元を少し切り落とし、小房に分ける。
2 魚焼きグリルか焼き網で焼いて器に盛り、バーニャカウダソースを添える。
（ともに夏梅）

Column 7

作りおきサラダをおいしく保存するための
愛用したい保存容器

ほうろう容器

ほうろう容器は、冷蔵＆冷凍OK、オーブン調理やじか火にも使えます。容器ににおいや汚れがつきにくいのも特徴。シンプルなデザインなら、テーブルウエアとしても大活躍。ただし、傷には弱く、電子レンジはNG。

ガラス容器

中が見えるから、入っているものや漬けかげんがわかって便利。汚れやにおいがつきにくいのも特徴。電子レンジOKのものも多く、深型、浅型のふたつき容器はマリネやピクルス、漬け物などを作るときにおすすめ。

陶器の容器

光を通しにくく、容器内の温度変化も少ないので、常温保存する漬け物や梅干しなどに向いています。ぬくもりのある肌ざわりが特徴で、小ぶりのものならそのまま食卓に出せます。ドライフルーツやお菓子を入れても。

ステンレス容器

色やにおいが移らず、汚れやさびに強くて丈夫なのが特徴。熱伝導がいいので、冷蔵室に入れたら早く冷やせて、オーブン加熱が可能なものも。加熱調理した作りおきは、冷ましてから容器に。電子レンジはNGです。

作りおきサラダを保存したり、ピクルスなどを漬けたりするときに便利な保存容器。
容器の特徴を押さえ、用途に合わせて使い分けましょう。

プラスチック&ポリ容器

ふたつきプラスチック保存容器

手ごろな価格で、軽くて密閉性がよく、しかも丈夫なのが特徴。形もサイズも豊富なので、用途に合わせて使いましょう。料理によってはにおいや色が移ることがあるので要注意。電子レンジ対応かどうかは要チェック。

コンテナ容器

形やサイズが豊富で値段も手ごろ、軽くて重ねて収納もできるすぐれものです。冷蔵&冷凍保存やふたごと電子レンジ加熱もOK。ふたがしっかりしていて汁もれしない密閉タイプや目盛りつきタイプなど、利便性が高いです。

ファスナーつき保存袋

冷蔵&冷凍保存のときに便利なファスナーつき保存袋。漬け汁が少量ですむので、漬け物や下味をつけるなどの調理におすすめ。液量の多いものは長時間保存すると汁がしみ出ることもあるので、二重にするなど工夫を。

> **Memo**
>
> ### 冷凍保存するときのおすすめ容器
>
> 冷凍保存には、ほうろう、ステンレス、コンテナ容器、ファスナーつき保存袋がおすすめ。ものによっては冷凍NGの容器や保存袋もあるので、あらかじめチェックしてから使いましょう。

ドリンクからスイーツまで冷蔵庫にあるとうれしい、お楽しみ
甘い作りおき

子どもから大人まで楽しめる、体にやさしい作りおき。
フルーツをメインに使用し、ドリンクやマリネ、和スイーツまで紹介します。

グレープフルーツのはちみつマリネ

冷蔵で 2-3日

材料（作りやすい分量）
グレープフルーツ（ルビー、ホワイト）
　…各1個
ローズマリー（生）…1枝
はちみつ…約½カップ

作り方
1 グレープフルーツは皮をむいて房に分け、包丁で切り目を入れて果肉をとり出し、1房を2〜3等分にくずしながらボウルに入れる。
2 ローズマリーは枝から葉をしごき、包丁であらく刻んで1に加える。はちみつを加え、全体をさっくりとまぜてなじませる。(植松)

冷蔵で 7日　冷凍で 2週間

ゆず茶

材料（作りやすい分量）
ゆず … 500g
グラニュー糖 … 250g
しょうがのしぼり汁 … 大さじ2

作り方
1 ゆずの皮は細切りにし、果肉はガーゼなどで包んでしぼる。
2 ボウルに入れ、グラニュー糖を加えてまぜ、2時間以上おく。
3 なべに2を入れてまぜながら煮、煮立ったら弱火にしてさらに5分煮る。
4 火を止めて、しょうがのしぼり汁を加えてまぜる。(夏梅)

冷蔵で 2日　冷凍で 1〜2週間

シナモンバナナ

材料（6人分）
バナナ … 2本
レモン汁 … 大さじ1
砂糖 … 大さじ3
シナモンパウダー … 少々

作り方
1 バナナは皮をむいて1cm厚さの輪切りにし、レモン汁を振る。
2 小なべに砂糖、水大さじ1を入れて中火にかけ、少し色づくまで3分ほど煮詰め、1、シナモンを加えてあえる。(牛尾)

冷蔵で **5日** / 冷凍で **2週間**

栗きんとん

材料（作りやすい分量）
さつまいも … 1〜2本（約400g）
A｜砂糖 … 50g
　｜水 … 1½カップ
B｜砂糖 … 50g
　｜水あめ … 大さじ2
塩 … ひとつまみ
むき甘栗（市販）… 100g

作り方
1 さつまいもは4cm厚さの輪切りにして皮を厚くむき、水に20分さらす。
2 なべに1とAを入れて火にかけ、煮立ったら弱めの中火にしてふたをし、やわらかくなるまで煮る。
3 さつまいもをとり出してざるなどで裏ごしし、湯を捨てたなべに戻し入れ、Bを加え、なべ底をまぜながら弱めの中火で煮詰める。適度なかたさになったら火を止め、塩と甘栗を加えてまぜる。（夏梅）

冷蔵で **5日** / 冷凍で **2週間**

きんとき豆の甘煮

材料（6人分）
きんとき豆水煮（缶詰）… 正味150g
A｜砂糖 … 大さじ3
　｜薄口しょうゆ … 小さじ½
　｜塩 … 少々

作り方
なべにきんとき豆、水¾カップ、Aを入れて落としぶたをし、煮汁がほぼなくなるまで中火で10分ほど煮る。（牛尾）

さくいん

【肉類・肉加工品】

● 牛肉
ローストビーフの作りおき —— 22
牛しゃぶのわさびドレサラダ —— 50
プルコギ風いためサラダ —— 66
牛肉のオニオンマリネ —— 68
まるごとピーマンと牛肉のおろし煮
—— 94
焼き肉サラダ —— 185

● 豚肉
自家製ロースハムの作りおき —— 24
塩豚 —— 29
豚しゃぶとたたききゅうりの
おかずサラダ —— 63
きゅうりの塩いため —— 85
青菜とゆで豚のエスニックサラダ
—— 104
大根と豚肉のマスタードマリネ
—— 110
タイ風豚しゃぶサラダ —— 183

● 鶏肉
チキンマリネ —— 12
サラダチキン —— 26
蒸し鶏とめかぶのねぎ油あえ —— 55
グリルチキンマリネ —— 70
ささ身、豆、ひじきの
わさびじょうゆオイル —— 164
きのことチキンの
クリームペンネサラダ —— 171
バンバンジーサラダ —— 181
鶏もも肉のコンフィ —— 27

● ひき肉
牛ひきのピリ辛トマト煮 —— 28
マーボーそぼろ —— 30
一口とうふつくね —— 45
しらたきヤムウンセン —— 60
肉みそ —— 192
ゴーヤーのカレー煮込み —— 93

● ハム・ベーコン・ソーセージ
王道ポテサラ —— 10
トルティージャ —— 44
おからのクスクス風サラダ —— 65
トマトとモッツァレラの
コロコロマリネ —— 74
シュークルート風 —— 80
生ハムと大根のマリネ —— 109
イタリアンきんぴら —— 115
きのこのクリーム煮 —— 126
ひじきとベーコンのいためサラダ
—— 175

【魚介類・貝類・海藻類・魚加工品】

● アミの塩辛
1種のたれで
オイキムチとカクテキ —— 134

● アンチョビー
塩豚で焼き豚のサラダのっけ —— 29
ほたてのアンチョビーオイル漬け
—— 39
セミドライトマトのマリネ —— 82

ブロッコリーの
グリーンソースペンネ —— 89
ジェノベーゼソース —— 196
チーズバーニャカウダソース – 198

● いか・いかの塩辛
いかのオリーブマリネ —— 71
白菜キムチ —— 152

● えび・干しえび・さくらえび
えびとブロッコリーのデリサラダ
—— 14
ヤムウンセン —— 18、183
えびのアヒージョ —— 34
卵、えび、ブロッコリーのサラダ
—— 40
えびときのこのコンフィ —— 54
しらたきヤムウンセン —— 60
きゅうりの塩いため —— 85
にんじんのソムタム —— 150
ブロッコリーの和サラダ —— 170

● 海藻ミックス・わかめ・こぶ
まぐろのポキ風 —— 52
切り干し大根のハリハリ漬け – 141
切り干し大根の甘酢サラダ —— 163
うどとわけぎのぬた —— 189

● からし明太子
里いものタラモサラダ —— 123

● 鮭・サーモン
南蛮漬け —— 19
サーモンの簡単こぶじめ —— 35
サーモンのタルタル —— 64
ハワイ風ロミロミ —— 64
鮭のエスカベッシュ —— 67
アスパラガスとサーモンのマリネ
—— 168

● シーフードミックス
シーフードミックスの
オレンジマリネ —— 36
シーフードエスニックサルサ —— 73

● たい
白身魚のカルパッチョ —— 197

● たこ
たこマリネ —— 12
たことパプリカのセビーチェ —— 58
たこのコチュジャンマリネ —— 72
たことコリアンダーの
メキシカンサラダ —— 195

● ちくわ
アスパラとちくわの焼きびたし
—— 90

● ちりめんじゃこ
白菜のカリカリじゃこ油サラダ
—— 61
塩もみきゅうり —— 84
ねぎじゃこのサラダ —— 101

● ツナ缶
焼きパプリカとツナのマリネ —— 95
セロリとツナの
クリームチーズあえ —— 103
切り干し大根とツナの
レモンオイル —— 128

ピーマンとコーンの
ツナサラダ —— 167

● ひじき
ひじきのヨーグルトサラダ —— 129
ささ身、豆、ひじきの
わさびじょうゆオイル —— 164
ひじきとベーコンのいためサラダ
—— 175

● ぶり
にんにく塩ぶり大根 —— 111

● ほたて
ほたてのアンチョビーオイル漬け
—— 39
ほたて缶と青菜のだしびたし —— 56
大根とほたてのマヨサラダ —— 108

● まぐろ
まぐろのづけ —— 31
自家製ノンオイルツナ —— 32
まぐろのポキ風 —— 52

● めかぶ
蒸し鶏とめかぶのねぎ油あえ —— 55

【野菜】

● アンディーブ
バーニャカウダボート —— 199

● 枝豆
枝豆の中華びたし —— 131
ささ身、豆、ひじきの
わさびじょうゆオイル —— 164

● オクラ
マーボーそぼろで中華風レタス包み
—— 30
オクラのしょうがマリネ —— 92
オクラと山いもの
ねばねば梅肉ばくだん —— 165

● 貝割れ菜
大根と豚肉のマスタードマリネ
—— 110

● かぶ
えびとかぶの
ガーリックオイルサラダ —— 34
かぶのマスタードマリネ —— 112
かぶのこしょうあえ —— 113
かぶとみょうがの塩麹漬け —— 139
にんにく中華漬け —— 154

● かぼちゃ
かぼちゃとレーズンの
カレーマッシュサラダ —— 86
かぼちゃのせん切りナムル —— 87
かぼちゃシナモン風味デリサラダ —— 166

● カリフラワー
カレーピクルス —— 146

● キャベツ・紫キャベツ
王道マカロニサラダ —— 10
コールスロー —— 16
生ほたてでキャベツの
オイル漬けサラダ —— 39
紫キャベツのラペ —— 75
シュークルート風 —— 80

キャベツと春菊のごまあえ —— 191

● きゅうり
王道ポテサラ —— 10
ヤムウンセン —— 18、183
牛ひきのピリ辛トマト煮で
メキシカンタコサラダ —— 28
マーボーそぼろで中華風レタス包み
—— 30
シーフードミックスの
オレンジマリネ —— 36
豚しゃぶとたたききゅうりの
おかずサラダ —— 63
ハワイ風ロミロミ —— 64
おからのクスクス風サラダ —— 65
塩もみきゅうり —— 84
きゅうりの塩いため —— 85
しょうが漬けきゅうり —— 85
1種のたれでオイキムチと
カクテキ —— 134
ベトナム風甘酢漬け —— 136
きゅうり1本だし漬け —— 137
ミックスピクルス —— 144
ぬか漬け —— 148
コッチョリキムチ —— 151
にんにく中華漬け —— 154
バンバンジーサラダ —— 181
タイ風豚しゃぶサラダ —— 183
韓国風とうふサラダ —— 185
バーニャカウダボート —— 199

● グリーンアスパラガス
鶏もものコンフィで
バリバリチキンサラダ —— 27
自家製ツナで
押し麦のマリネサラダ —— 32
牛肉のオニオンマリネ —— 68
トマトとモッツァレラの
コロコロマリネ —— 74
アスパラとちくわの焼きびたし
—— 90
焼きアスパラガスのマリネ —— 91
アスパラガスとサーモンのマリネ
—— 168
彩り野菜の揚げびたし —— 172

● クレソン
ローストビーフのサラダ —— 22

● 香菜（パクチー）
ヤムウンセン —— 18、183
たことパプリカのセビーチェ —— 58
しらたきヤムウンセン —— 60
パクチードレッシング —— 179
厚揚げとなすのパクチーサラダ
—— 181
タイ風豚しゃぶサラダ —— 183
たことコリアンダーの
メキシカンサラダ —— 195

● ゴーヤー
ゴーヤーのカレー煮込み —— 93
ヨーグルトみそ漬け —— 155

●コーン（缶）
自家製ツナで
押し麦のマリネサラダ —— 32
ピーマンとコーンのツナサラダ
—— 167
ひじきとベーコンのいためサラダ
—— 175
●ごぼう
ごぼうのごま酢あえ —— 114
イタリアンきんぴら —— 115
ヨーグルトみそ漬け —— 155
ごぼうのごま油きんぴら —— 174
●小松菜
青菜とゆで豚のエスニックサラダ
—— 104
●さやいんげん
塩ゆで焼き豚のサラダのっけ — 29
根菜のガドガド風サラダ — 42
にんじんのソムタム —— 150
切り干し大根の甘酢サラダ — 163
いんげんのごまあえ —— 191
●春菊
白菜のカリカリじゃこ油サラダ
—— 61
キャベツと春菊のごまあえ — 191
●ズッキーニ
ラタトゥイユ —— 20
マスタードピクルス —— 155
焼き野菜のあたたかい
バーニャカウダサラダ —— 199
●スナップえんどう
ビーツとゆで卵のピンクサラダ
—— 62
●セロリ
チキンマリネ —— 12
南蛮漬け —— 19
ラタトゥイユ —— 20
牛ひきのピリ辛トマト煮 —— 28
シーフードミックスの
オレンジマリネ —— 36
サーモンのタルタル —— 38
しらたきヤムウンセン —— 60
ハワイ風ロミロミ —— 64
おからのクスクス風サラダ — 65
鮭のエスカベッシュ —— 67
グリルチキンのマリネ —— 70
いかのオリーブマリネ —— 71
しゃきしゃきセロリマリネ — 102
セロリとツナの
クリームチーズあえ —— 103
ミックスピクルス —— 144
にんにく中華漬け —— 154
くたくたラタトゥイユ —— 173
●ぜんまい・うど
いためナムル —— 15
5色ナムル —— 186
うどとわけぎのぬた —— 189
●そら豆
鶏もものコンフィで
バリバリチキンサラダ — 27
●大根・切り干し大根
づけまぐろで刺し身サラダ — 31

一口とうふつくねで
香味野菜のデリサラダ —— 45
まるごとピーマンと
牛肉のおろし煮 —— 94
大根とはたてのマヨサラダ — 108
生ハムと大根のマリネ —— 109
大根と豚肉のマスタードマリネ
—— 110
にんにく塩ぶり大根 —— 111
切り干し大根とツナの
レモンオイル —— 128
1種のたれで
オイキムチとカクテキ —— 134
切り干し大根のハリハリ漬け – 141
こんぶじょうゆ漬け —— 154
切り干し大根の甘酢サラダ — 163
さしみこんにゃく —— 189
大根の肉みそサラダ —— 193
●玉ねぎ・赤玉ねぎ
王道ポテサラ —— 10
王道マカロニサラダ —— 10
チキンマリネ —— 12
たこマリネ —— 12
ヤムウンセン —— 18、183
南蛮漬け —— 19
ラタトゥイユ —— 20
鶏もも肉のコンフィ —— 27
牛ひきのピリ辛トマト煮 —— 28
自家製ツナで
押し麦のマリネサラダ —— 32
ほたてのアンチョビーオイル漬け
—— 39
タルタル卵サラダ —— 40
トルティージャ —— 44
まぐろのポキ風 —— 52
たことパプリカのセビーチェ — 58
しらたきヤムウンセン —— 60
豚しゃぶとたたききゅうりの
おかずサラダ —— 63
ハワイ風ロミロミ —— 64
鮭のエスカベッシュ —— 67
牛肉のオニオンマリネ —— 68
グリルチキンのマリネ —— 70
シーフードエスニックサルサ — 73
ゴーヤーのカレー煮込み —— 93
サラダのフライドオニオン — 98
焼き玉ねぎのバルサミコ酢がけ
—— 99
玉ねぎの甘酢じょうゆ漬け — 142
白菜キムチ —— 152
マスタードピクルス —— 155
ささ身、豆、ひじきの
わさびじょうゆオイル —— 164
アスパラガスとサーモンのマリネ
—— 168
アボカドのディップ —— 169
鮭のごまチキン
クリームペンネサラダ —— 171
くたくたラタトゥイユ —— 173
タイ風豚しゃぶサラダ —— 183
サルサソース —— 194
●チンゲンサイ
青菜でナムル —— 57

温野菜の肉みそディップ —— 193
●豆苗
野菜と食べるじんわり味玉サラダ
—— 43
●トマト・トマト缶
ヤムウンセン —— 18、183
ラタトゥイユ —— 20
ダイスハムのトスサラダ —— 24
牛ひきのピリ辛トマト煮 —— 28
マーボーそぼろで中華風レタス包み
—— 30
自家製ツナで
押し麦のマリネサラダ —— 32
シーフードエスニックサルサ — 73
トマトとモッツァレラの
コロコロマリネ —— 74
セミドライトマトのマリネ — 82
ミニトマトのジンジャーハニー
ポンポンマリネ —— 83
にんじんのソムタム —— 150
くたくたラタトゥイユ —— 173
さしみこんにゃく —— 189
大根の肉みそサラダ —— 193
サルサソース —— 194
サルササラダパスタ —— 195
バーニャカウダボート —— 199
●なす
いためナムル —— 15
ラタトゥイユ —— 20
なすの揚げびたし —— 96
レンジなすのナムル —— 97
ぬか漬け —— 148
こんぶじょうゆ漬け —— 154
彩り野菜の揚げびたし —— 172
くたくたラタトゥイユ —— 173
厚揚げとなすのパクチーサラダ
—— 181
5色ナムル —— 186
焼き野菜のあたたかい
バーニャカウダサラダ —— 199
●ねぎ・万能ねぎ・わけぎ
マーボーそぼろ —— 30
一口とうふつくね —— 45
蒸し鶏とめかぶのねぎ油あえ — 55
しらたきヤムウンセン —— 60
たこのコチュジャンマリネ — 72
きゅうりの塩いため —— 85
とろとろねぎマリネ —— 100
ねぎとじゃこのサラダ —— 101
1種のたれで
オイキムチとカクテキ —— 134
白菜キムチ —— 152
和風オイル —— 179
パクチードレッシング —— 179
バンバンジーだれ —— 180
韓国風とうふサラダ —— 185
焼き唐辛子 —— 185
うどとわけぎのぬた —— 189
肉みそ —— 192
大根の肉みそサラダ —— 193
●にら
マーボーそぼろ —— 30
プルコギ風いためサラダ —— 66

1種のたれで
オイキムチとカクテキ —— 134
白菜キムチ —— 152
韓国だれ —— 179
●にんじん
いためナムル —— 15
ベリーキャロットラペ —— 17
南蛮漬け —— 19
牛ひきのピリ辛トマト煮 —— 28
根菜のガドガド風サラダ — 42
一口とうふつくね —— 45
プルコギ風いためサラダ — 66
にんじんのはちみつ
バターグラッセ —— 78
にんじんのしりしり —— 79
1種のたれで
オイキムチとカクテキ —— 134
ベトナム風甘酢漬け —— 136
長いものみそ漬け —— 140
切り干し大根のハリハリ漬け – 141
ミックスピクルス —— 144
カレーピクルス —— 146
ぬか漬け —— 148
にんじんのソムタム —— 150
コッチョリキムチ —— 151
ヨーグルトみそ漬け —— 155
にんじんとくるみのハニーラペ
—— 162
ごぼうのごま油きんぴら — 174
5色ナムル —— 186
温野菜の肉みそディップ —— 193
●白菜
白菜のカリカリじゃこ油サラダ
—— 61
白菜のマヨサラダ —— 81
ラーパーツァイ —— 138
コッチョリキムチ —— 151
白菜キムチ —— 152
温野菜の肉みそディップ —— 193
●パプリカ・ピーマン
チキンマリネ —— 12
ラタトゥイユ —— 20
たことパプリカのセビーチェ — 58
ハワイ風ロミロミ —— 64
鮭のエスカベッシュ —— 67
グリルチキンのマリネ —— 70
シーフードエスニックサルサ — 73
まるごとピーマンと
牛肉のおろし煮 —— 94
焼きパプリカとツナのマリネ — 95
ベトナム風甘酢漬け —— 136
ミックスピクルス —— 144
カレーピクルス —— 146
マスタードピクルス —— 155
きのこのビネガーマリネ —— 160
ピーマンとコーンのツナサラダ
—— 167
彩り野菜の揚げびたし —— 172
くたくたラタトゥイユ —— 173
ひじきとベーコンのいためサラダ
—— 175
焼き野菜のあたたかい
バーニャカウダサラダ —— 199

● ビーツ
ビーツとゆで卵のピンクサラダ
――――――――― 62
● ベビーリーフ
ローストビーフのサラダ ― 22
サーモンとグレープフルーツの
カルパッチョ ――――――― 35
● ブロッコリー
えびとブロッコリーのデリサラダ
――――――――― 14
ダイスハムのトスサラダ ― 24
卵、えび、ブロッコリーのサラダ
――――――――― 40
ブロッコリーのチーズマリネ ― 53
ブロッコリーのごまみそ白あえ
――――――――― 88
ブロッコリーの
グリーンソースペンネ ――― 89
ブロッコリーの和サラダ ― 170
● ほうれんそう
いためナムル ―――――― 15
ほたて缶と青菜のだしびたし ― 56
青菜でナムル ―――――― 57
クリームスピナッチ ――― 105
5色ナムル ―――――― 186
● 水菜・三つ葉
一口とうふつくねで
香味野菜のデリサラダ ―― 45
牛しゃぶのわさびドレサラダ ― 50
● もやし
いためナムル ―――――― 15
野菜と食べるじんわり味玉サラダ
――――――――― 43
プルコギ風いためサラダ ― 66
もやしのピリ辛あえ ――― 106
もやしのナムルあえ ――― 106
もやしのめんつゆあえ ―― 107
5色ナムル ―――――― 186
● らっきょう
らっきょうの塩漬け ――― 143
らっきょうの甘酢漬け ―― 143
● ルッコラ
おからのクスクス風サラダ ― 65
白身魚のカルパッチョ ―― 197
● レタス・サニーレタス
ローストビーフのサラダ ― 22
牛ひきのピリ辛トマト煮で
メキシカンタコサラダ ―― 28
塩豚で焼き豚のサラダのっけ ― 29
マーボーそぼろで中華風レタス包み
――――――――― 30
サーモンのタルタルサラダ ― 38
野菜と食べるじんわり味玉サラダ
――――――――― 43
韓国風とうふサラダ ――― 185
焼き肉サラダ ――――― 185
● れんこん
根菜のガドガド風サラダ ― 42
れんこんの梅きんぴら ―― 116
れんこんの酢の物 ――― 117
ベトナム風甘酢漬け ――― 136
彩り野菜の揚げびたし ―― 172

【きのこ類】
自家製ツナで
押し麦のマリネサラダ ―― 32
えびときのこのコンフィ ― 54
ほたて缶と青菜のだしびたし ― 56
しらたきヤムウンセン ―― 60
プルコギ風いためサラダ ― 66
いろいろきのこのレンジマリネ
――――――――― 124
きのこの当座煮 ――――― 125
きのこのクリーム煮 ――― 126
エリンギのペペロンチーノ ― 127
きのこのビネガーマリネ ― 160
きのことチキンの
クリームペンネサラダ ―― 171
彩り野菜の揚げびたし ―― 172
くたくたラタトゥイユ ―― 173
焼き肉サラダ ――――― 185
温野菜の肉みそディップ ― 193
白身魚のカルパッチョ ―― 197
焼き野菜のあたたかい
バーニャカウダサラダ ―― 199

【いも類】
● さつまいも
さつまいものトースター
バター焼き ――――――― 119
さつまいものマーマレード煮 ― 120
大学いも風いため ――― 121
栗きんとん ――――――― 204
● 里いも
里いものタラモサラダ ―― 123
温野菜の肉みそディップ ― 193
● じゃがいも
王道ポテサラ ―――――― 10
鶏もも肉のコンフィ ――― 27
トルティージャ ――――― 44
クリーミーマッシュポテト ― 118
じゃがいものシャキシャキ
ごま油あえ ――――――― 119
● 長いも
長いもの梅しそあえ ――― 122
長いものみそ漬け ――― 140
● 山いも
オクラと山いもの
ねばねば梅肉ばくだん ―― 165

【卵類】
王道マカロニサラダ ――― 10
えびとブロッコリーの
デリサラダ ――――――― 14
ダイスハムのトスサラダ ― 24
塩豚で焼き豚のサラダのっけ ― 29
サーモンのタルタルサラダ ― 38
タルタル卵サラダ ――― 40
卵ピクルス ――――――― 42
味玉 ―――――――――― 43
トルティージャ ――――― 44
一口とうふつくね ――― 45
ビーツとゆで卵のピンクサラダ
――――――――― 62
ミックスピクルス ――― 144

【こんにゃく・しらたき】
しらたきヤムウンセン ―― 60
さしみこんにゃく ――― 189

【乳製品】
● 牛乳
クリームスピナッチ ――― 105
クリーミーマッシュポテト ― 118
きのことチキンの
クリームペンネサラダ ―― 171
チーズバーニャカウダソース ― 198
● チーズ
シーフードマリネで
ブレッドサラダ ――――― 36
ブロッコリーのチーズマリネ ― 53
ビーツとゆで卵のピンクサラダ
――――――――― 62
トマトとモッツァレラの
コロコロマリネ ――――― 74
焼き玉ねぎのバルサミコ酢がけ
――――――――― 99
セロリとツナの
クリームチーズあえ ――― 103
クリームスピナッチ ――― 105
さつまいものトースター
バター焼き ――――――― 119
きのことチキンの
クリームペンネサラダ ―― 171
チーズバーニャカウダソース ― 198
● 生クリーム
クリームスピナッチ ――― 105
クリーミーマッシュポテト ― 118
きのこのクリーム煮 ――― 126
チーズバーニャカウダソース ― 198
● ヨーグルト
ひじきヨーグルトサラダ ― 129
ヨーグルトみそ漬け ――― 155
かぼちゃとナッツの
シナモン風味デリサラダ ― 166
タンドリーマヨネーズ ―― 179

【豆類・大豆加工品】
● 油揚げ・厚揚げ
白菜のカリカリ
じゃこ油サラダ ――――― 61
厚揚げとなすの
パクチーサラダ ――――― 181
● おから
おからのクスクス風サラダ ― 65
● きんとき豆（缶）
きんとき豆の甘煮 ――― 204
● 大豆
ささ身、豆、ひじきの
わさびじょうゆオイル ―― 164
● とうふ
一口とうふつくね ――― 45
ブロッコリーのごまみそ白あえ
――――――――― 88
韓国風とうふサラダ ――― 185
● ミックスビーンズ
豆のディルマリネ ――― 130
● はるさめ
ヤムウンセン ―――― 18、183

【果実類・果実加工品】
たこマリネ ――――――― 12
ベリーキャロットラペ ―― 17
牛ひきのピリ辛トマト煮で
メキシカンタコサラダ ―― 28
サーモンとグレープフルーツの
カルパッチョ ――――――― 35
シーフードミックスの
オレンジマリネ ――――― 36
ほたてのアンチョビーオイル漬け
――――――――― 39
かぼちゃとレーズンの
カレーマッシュサラダ ―― 86
コッチョリキムチ ――― 151
白菜キムチ ――――――― 152
アボカドのディップ ――― 169
自家製ドレッシング=塩レモン
――――――――― 178
タイ風豚しゃぶサラダ ―― 183
ヤンニョム ―――――― 184
たこコリアンダーの
メキシカンサラダ ――― 195
グレープフルーツの
はちみつマリネ ――――― 202
ゆず茶 ―――――――――― 203
シナモンバナナ ――――― 203

【主食類】
マーボーそぼろで中華風レタス包み
――――――――― 30
自家製ツナで
押し麦のマリネサラダ ―― 32
シーフードマリネで
ブレッドサラダ ――――― 36
トルティージャで
野菜たっぷりワンプレート ― 44
ブロッコリーの
グリーンソースペンネ ――― 89
きのことチキンの
クリームペンネサラダ ―― 171
サルササラダパスタ ――― 195

料理指導（五十音順）

市瀬悦子　岩崎啓子　上田淳子　植松良枝
牛尾理恵　大庭英子　金沢陽子　黒田民子
検見崎聡美　コウケンテツ　小林まさみ
重信初江　高谷亜由　夏梅美智子　浜内千波
飛田和緒　藤井恵　ほりえさちこ　牧野直子
撮影　　　　　主婦の友社写真課

STAFF
表紙・新規撮影分の料理

料理指導	夏梅美智子　牛尾理恵
撮影	白根正治
スタイリング	坂上嘉代

デザイン	細山田光宣、成冨チトセ、児島 彩 （細山田デザイン事務所）
取材・文	丸山みき（SORA企画）
編集アシスタント	岩本明子、柿本ちひろ（SORA企画）
栄養計算	角島理美
進行アシスタント	窪田希枝
編集	中野桜子
編集デスク	藤岡眞澄（主婦の友社）

表紙・新規撮影分の料理・指導

夏梅美智子（なつうめ・みちこ）

料理研究家。身近な食材を使った、作りやすくておいしい家庭料理が人気。基本の和食、洋食から、中華、韓国、エスニック料理まで幅広いレパートリーをもち、雑誌、書籍、広告、テレビなどで活躍中。『作りおきの便利帳』（主婦の友社）など著書も多数。
ブログ／「夏梅美智子の楽うま献立」
http://natsuumemichiko.com/

牛尾理恵（うしお・りえ）

東京農業大学短期大学部を卒業後、栄養士として病院の食事指導に携わる。食品・料理専門の製作会社を経て、料理研究家として独立。手軽に作れてバランスがよい料理や、おいしくてやせるレシピに定評がある。『糖質オフ！でやせるレシピ』（成美堂出版）、『がんばらなくてもできちゃう！ 基本のおかず100』（主婦の友社）など著書も多数。

作りおきサラダ SPECIAL

編　者	主婦の友社
発行者	荻野善之
発行所	株式会社主婦の友社
	〒101-8911
	東京都千代田区神田駿河台2-9
	電話 03-5280-7537（編集）
	03-5280-7551（販売）
印刷所	大日本印刷株式会社

● 乱丁本、落丁本はおとりかえします。お買い求めの書店か、主婦の友社資材刊行課（電話03-5280-7590）にご連絡ください。
● 内容に関するお問い合わせは、主婦の友社（電話03-5280-7537）まで。
● 主婦の友社が発行する書籍・ムックのご注文は、お近くの書店か主婦の友社コールセンター（電話0120-916-892）まで。
※お問い合わせ受付時間　月～金（祝日を除く）9：30～17：30
主婦の友社ホームページ　http://www.shufunotomo.co.jp/

©Shufunotomo Co., Ltd. 2017 Printed in Japan
ISBN978-4-07-425685-3
Ⓡ本書を無断で複写複製（電子化を含む）することは、著作権法上の例外を除き、禁じられています。本書をコピーされる場合は、事前に公益社団法人日本複製権センター（JRRC）の許諾を受けてください。
また本書を代行業者等の第三者に依頼してスキャンやデジタル化することは、たとえ個人や家庭内での利用であっても一切認められておりません。
JRRC〈http://www.jrrc.or.jp　eメール：jrrc_info@jrrc.or.jp　電話：03-3401-2382〉
この本は弊社刊行の雑誌・ムック・書籍から抜粋したレシピに新規取材を加えて再編集したものです。
ち-073101